Elke Gruber | Werner Lenz

Erwachsenen- und Weiterbildung Österreich

Länderporträts

Eine Buchreihe des Deutschen Instituts für Erwachsenenbildung (DIE)

Die rote Reihe des DIE vermittelt einen schnellen Einstieg und eine erste Orientierung über Eigen- und Besonderheiten der Weiterbildung im jeweiligen Land. Die Bände dokumentieren aktuelle Angaben zu den wichtigsten Strukturdaten und enthalten Glossare mit Definitionen der landesspezifischen Terminologie und einen ausführlichen Adressteil. Vertreter/innen aus Wissenschaft, Bildungsplanung und -verwaltung sowie aus der an Auslandskontakten interessierten Praxis der Erwachsenenbildung erhalten komprimierte Informationen zu grundlegenden und aktuellen Fragestellungen, die Ausgangspunkt für weitere, eigene Erkundungen sein können. Die Reihe wird gemeinsam mit dem Konsortium „European Research and Development Institutes of Adult Education" (ERDI) herausgegeben.

Wissenschaftliche Betreuung der Reihe am DIE: Dr. Thomas Jung

Bisher in der Reihe Länderporträts erschienene Titel (Auswahl):

Sturla Bjerkaker
Adult and Continuing Education in Norway
Bielefeld 2016, ISBN 978-3-7639-5592-3

Silke Schreiber-Barsch
Adult and Continuing Education in France
Bielefeld 2015, ISBN 978-3-7639-5612-8

André Schläfli, Irena Sgier
Weiterbildung in der Schweiz
Bielefeld 2014, ISBN 978-3-7639-5498-8

Maria Gravani, Alexandra Ioannidou
Adult and Continuing Education in Cyprus
Bielefeld 2014, ISBN 978-3-7639-5302-8

Peter Brandt, Ekkehard Nuissl
Porträt Weiterbildung Deutschland
4. akt. Aufl. Bielefeld 2009,
ISBN 978-3-7639-1970-3

Ville Heinonen
Porträt Weiterbildung Finnland
Bielefeld 2007, ISBN 978-3-7639-1936-9

Mark Bechtel, Susanne Lattke, Ekkehard Nuissl
Porträt Weiterbildung Europäische Union
Bielefeld 2005, ISBN 978-3-7639-1912-3

Weitere Informationen zur Reihe unter
www.die-bonn.de

Bestellungen unter
wbv.de

Länderporträt

Elke Gruber | Werner Lenz

Erwachsenen- und Weiterbildung Österreich

3., vollständig überarbeitete Auflage

wbv DIE

Herausgebende Institution
Deutsches Institut für Erwachsenenbildung – Leibniz-Zentrum für Lebenslanges Lernen

Das Deutsche Institut für Erwachsenenbildung (DIE) ist eine Einrichtung der Leibniz-Gemeinschaft und wird von Bund und Ländern gemeinsam gefördert. Das DIE vermittelt zwischen Wissenschaft und Praxis der Erwachsenenbildung und unterstützt sie durch Serviceleistungen.

Lektorat: Dr. Thomas Jung
Korrektorat: Christiane Barth

Die Autoren bedanken sich bei Herrn Christoph Straka und Frau Carina Klement für die Mitarbeit bei der Erstellung des Manuskripts.

Im Gedenken an unseren Freund, den Wissenschaftler und Erwachsenenbildner
Univ.-Doz. Dr. Wilhelm Filla (1947–2016)

Wie gefällt Ihnen diese Veröffentlichung? Wenn Sie möchten, können Sie dem DIE unter **www.die-bonn.de** ein **Feedback** zukommen lassen. Geben Sie einfach den **Webkey 37/0571a** ein. Von Ihrer Einschätzung profitieren künftige Interessent/inn/en.

Bibliografische Information der Deutschen Nationalbibliothek
Die Deutsche Nationalbibliothek verzeichnet diese Publikation in der Deutschen Nationalbibliografie; detaillierte bibliografische Daten sind im Internet über http://dnb.d-nb.de abrufbar.

Verlag:
W. Bertelsmann Verlag GmbH & Co. KG
Postfach 10 06 33
33506 Bielefeld
Telefon: (0521) 9 11 01-11
Telefax: (0521) 9 11 01-19
E-Mail: service@wbv.de
Internet: wbv.de

Bestell-Nr.: 37/0571a

3., vollständig überarbeitete Auflage
Umschlaggestaltung und Satz: Christiane Zay, Bielefeld
Herstellung: W. Bertelsmann Verlag, Bielefeld
ISBN 978-3-7639-5383-7 (Print)
ISBN 978-3-7639-5384-4 (E-Book)

Inhalt

Vorbemerkungen

Das Porträt „Erwachsenen- und Weiterbildung Österreich“, verfasst von Elke Gruber und Werner Lenz, liegt nunmehr in der dritten Auflage vor, gut zehn Jahre nach der zweiten und knapp 20 Jahre nach der ersten Auflage, die jeweils von Werner Lenz verantwortet wurden. Dekaden scheinen geeignete Intervalle, um die dynamischen Veränderungsprozesse zu sichten, mit denen die Erwachsenen- und Weiterbildung konfrontiert wird, denen sie sich stellt und die sie mit ihren pädagogischen Angeboten nicht nur zu begleiten, sondern auch zu beeinflussen sucht. Alle drei Prozesse werden in diesem profunden Überblick dokumentiert und interpretiert.

Die Europäische Union hat in den vergangenen Jahrzehnten auch die Bildungspolitik als Handlungsfeld entdeckt und ist unbestreitbar zu einem ambitionierten und einflussreicher werdenden Akteur geworden. Ihre Förderprogramme unterstützen Kooperationen auf der Ebene von Erwachsenenbildungseinrichtungen und den Austausch von Weiterbildungspraktikerinnen und -praktikern. Darüber hinaus haben sich Weiterbildungsverbände und auch die Forscherinnen und Forscher auf europäischer Ebene vernetzt und weiten ihre Zusammenarbeit aus, sowohl projektförmig als auch organisatorisch. Für Letzteres stehen die „European Association for the Education of Adults“, die „European Research and Development Institutes for Adult Education“ oder die „European Society for Research on the Education of Adults“. All diese Akteure benötigen Daten, Informationen und Wissen zur Erwachsenen- und Weiterbildung in den jeweiligen Partnerländern. Die Länderporträts des DIE verfolgen das Ziel, die notwendigen Informationen zuverlässig anzubieten: zur historischen Entwicklung, zu den rechtlichen Grundlagen und zur Finanzierung, zu Anbietern, Angeboten und Beteiligung sowie zum Personal, ergänzt um Informationen zur Weiterbildung der Hochschulen und zur internationalen Vernetzung.

Bei den Länderporträts steht allerdings nicht nur jeder Band für sich, sondern leistet zugleich einen Beitrag zu einem Gesamtüberblick über die Erwachsenen- und Weiterbildung in Europa und darüber hinaus. In ihrer Zusammenschau stellen die Porträts eine unverzichtbare Grundlage für international-vergleichende Studien dar. Solche Studien sind noch selten, die Voraussetzungen für ihre Durchführung werden aber fortschreitend besser. Dazu tragen europäische bzw. internationale Erhebungen wie der „Adult Education Survey“, der „Continuing Vocational Training Survey“ oder jüngst das „Programme for the International Assessment of Adult Competencies“ bei. Die vergleichenden Daten zur Beteiligung, zu Anbietern und Angeboten oder zu basalen Kompetenzen der Adressaten bleiben aber schwer interpretierbar, wenn sie nicht kontextuiert, d.h. vor dem Hintergrund gemeinsamer oder unterschiedlicher Strukturen interpretiert werden. Länderberichte sind daher eine unverzichtbare Informationsbasis für international-vergleichende Studien, die Theoriebildung zugleich voraussetzen und vorantreiben möchten.

Erste Anregungen dazu bietet auch das vorliegende Porträt. So werden in der international-vergleichenden Forschung derzeit u.a. Typologien aus der vergleichenden Wohlfahrtsstaatsforschung genutzt, wie sie einst u.a. von Gøsta Esping-Andersen in einem Drei-Welten-Modell (liberal-angelsächsisch; konservativ-kontinentaleuropäisch; sozialdemokratisch-skandinavisch) formuliert wurden. Nach dieser Typologie gehören Österreich und Deutschland zur Gruppe der konservativen Wohlfahrtsstaaten. Liest man das vorliegende Porträt vor diesem Hintergrund, so zeigen sich Leistungen ebenso wie Grenzen, wenn diese ursprünglich für Systeme der sozialen Sicherung entwickelte Typologie auf (Weiter-)Bildung angewandt wird. Wir sehen dann z.B. vergleichbare Institutionalisierungsprozesse seit der Epochenwende vom 18. zum 19. Jahrhundert, Ähnlichkeiten in der Heterogenität der institutionellen und auch der subsidiären Förderstrukturen; gleichzeitig aber variieren die Zuständigkeiten zwischen Bund und Ländern, die Anschlüsse der Erwachsenen- und Weiterbildung an die berufliche Aus- und Weiterbildung sowie die Verankerung der Weiterbildungsforschung in universitären und außeruniversitären Strukturen.

Das DIE wird in den kommenden Jahren seine international-vergleichenden Forschungen ausweiten, sowohl im Blick auf die Anbieter-, Angebots- und Beteiligungsstrukturen als auch im Blick auf die Wirkungen und Erträge des Lebenslangen Lernens. Dabei soll auch das Zusammenspiel von Governance- und Bildungsstrukturen Beachtung finden. Dafür sind Länderporträts unverzichtbar. Aber auch jenseits der Forschung bieten die hier präsentierten Informationen eine nützliche Grundlage für Praxis- und Verbandsvertreter, die Kooperationen suchen, sowie für nationale, inter- und supranationale Akteure, die Einfluss auf die Strukturen, Prozesse und Ergebnisse von Erwachsenen- und Weiterbildung in differenten Systemen des Lebenslangen Lernens nehmen möchten.

Dabei ist und bleibt das DIE auch angewiesen auf die Expertise der anderen. Von daher gilt unser besonderer Dank Elke Gruber und Werner Lenz für diesen wichtigen und instruktiven Beitrag zu einer sich weiterentwickelnden Reihe.

Josef Schrader
Deutsches Institut für Erwachsenenbildung –
Leibniz-Zentrum für Lebenslanges Lernen

1. Einleitung

Ein Jahrzehnt liegt zwischen der letzten und der nun vorliegenden dritten Auflage des Porträts Weiterbildung Österreich. Dynamiken auf unterschiedlichen Ebenen haben dieses Jahrzehnt geprägt, die allesamt nicht ohne Auswirkungen auf die Rahmenbedingungen von Erwachsenenbildung und Weiterbildung[1] in Österreich geblieben sind. Ob globale Finanzkrise, von der Österreich noch verhältnismäßig wenig betroffen ist, oder verstärkte Flüchtlingsströme infolge von Krieg und Vertreibung, ob zunehmende Zerstörung der Umwelt oder steigende Arbeitslosigkeit – auch für Österreich bestätigt sich der allgemeine Trend, gesellschaftliche Herausforderungen und Problemlagen zunehmend mit Fragen der Weiterbildungs- und Lernaktivitäten Erwachsener zu verknüpfen. Den Institutionen und Anbietern innerhalb des weit gestreuten Feldes der Weiterbildung werden damit in größerem Maße gesamtgesellschaftliche Aufgaben übertragen, angefangen von der Führung zu individuellem Glück und Gesundheit, über die Ermächtigung zur Erwerbsfähigkeit, der kritischen Partizipation am Gemeinwesen, der wirtschaftlichen Standortverbesserung bis hin zur Integration und Inklusion bis dato marginalisierter Gruppen.

Die letzten zehn Jahre haben gezeigt, dass die österreichische Erwachsenenbildung auf diese Herausforderungen mit Strategien der Professionalisierung, Qualitätssicherung, Transparenz und Vernetzung reagiert hat. Die „Initiative Erwachsenenbildung“, die Weiterbildungsakademie Österreich (wba), das Ö-Cert, die Strategie zum lebensbegleitenden Lernen in Österreich (LLL:2020; Republik Österreich, 2011), oder das Fachportal „erwachsenenbildung.at“ zeugen von den markanten Veränderungen der letzten Jahre innerhalb der Weiterbildungslandschaft Österreichs. Hinzu kamen erstmals umfassendere empirische Untersuchungen zu den Lernaktivitäten (*Adult Education Survey*, AES) und den Schlüsselkompetenzen Erwachsener in Österreich (*Programme for the International Assessment of Adult Competencies*, PIAAC). All diese Veränderungen bewegen sich dabei zwischen einer strukturellen Aufwertung der Erwachsenenbildung durch staatliche und supranationale Akteure (samt Planungssicherheit und Qualitätssteigerung) einerseits und der Gefahr einer zusehends quantitativ bemessenen Output-Orientierung und Affinität zur Beschäftigungsfähigkeit andererseits.

Gleichzeitig entwickelte sich innerhalb des letzten Jahrzehnts eine Vielfalt von Themen, Orten und Größenordnungen von Erwachsenenbildung in Österreich. Derzeit haben wir es mit einer ausdifferenzierten, pluralen, großteils marktförmig agierenden Erwachsenen- und Weiterbildung zu tun, die sich im System des Lebenslangen Lernens behaupten muss.

1 Im Folgenden werden die Begriffe „Erwachsenenbildung“ und „Weiterbildung“ synonym verwendet.

Ziel dieser Neuauflage ist es unter anderem, all diesen dynamischen Entwicklungen den gebührenden Raum zu geben. Fokussiert wird auf die öffentlich verantwortete Erwachsenenbildung, also jenen Bereich, dessen Angebote zur Gänze oder zu einem bestimmten Teil von öffentlichem Interesse sind und damit auch durch die öffentliche Hand (teil-)finanziert bzw. -gefördert werden.

2. Informationen über Österreich

2.1 Allgemeines

Die demokratische Republik Österreich ist ein Bundesstaat mit neun Bundesländern: Vorarlberg, Tirol, Salzburg, Oberösterreich, Niederösterreich, Wien, Burgenland, Steiermark, Kärnten (Abb. 1). Wien ist zugleich Bundeshauptstadt und Bundesland. Die Einwohnerzahl Österreichs beträgt (Stand Anfang 2015) 8,58 Millionen Menschen, davon sind etwa 4,4 Millionen weiblichen Geschlechts. Laut Prognosen dürfte die Einwohnerzahl bis 2060 auf rund 9,37 Millionen ansteigen. Derzeit befinden sich zwei Drittel der Bevölkerung im Erwerbsalter von 15 bis 64 Jahren, aufgrund der steigenden Lebenserwartung wird die Zahl der über 65-Jährigen aber verhältnismäßig an Gewicht gewinnen. Im Sinne des lebensbegleitenden Lernens muss sich die Erwachsenenbildung fragen, welche Angebote sie mit welchen Mitteln für diese wachsende Bevölkerungsgruppe bereitstellen wird. Seit Mitte der 1990er Jahre begann die Geburtenrate zu sinken. Waren 1993 etwa 95.000 Geburten zu verzeichnen, kamen zehn Jahre später etwa 77.000 Neugeborene zur Welt. Bis 2011 stagnierte diese Zahl allerdings weitgehend, seither ist wieder ein Geburtenanstieg zu verzeichnen, so dass das Jahr 2014 mit beinahe 82.000 Neugeborenen das geburtenreichste Jahr seit 1997 darstellte. Festzuhalten bleibt aber, dass es ohne Zuwanderung seit Jahrzehnten kein Bevölkerungswachstum gegeben hätte. Die durchschnittliche Lebenserwartung lag 2014 insgesamt bei 81,3 Jahren, für Männer bei 78,9 Jahren und für Frauen bei 83,7 Jahren – wobei die Lebenserwartung der Männer in den letzten Jahren stärker gestiegen ist als jene der Frauen.

In Österreich gibt es sechs autochthone Volksgruppen: die slowenische Volksgruppe in Kärnten und der Steiermark; die kroatische Volksgruppe im Burgenland und in Wien; die ungarische Volksgruppe im Burgenland und in Wien; die Roma im Burgenland; die tschechische und die slowakische Volksgruppe in Wien. Österreich hat sich per Verfassungsgesetz dazu verpflichtet, die Kulturen und Sprachen dieser sechs Volksgruppen zu fördern, zu wahren und zu erhalten.

Insgesamt leben 1.146.078 Personen – das sind 13,3 Prozent der Gesamtbevölkerung – mit ausländischer Staatsangehörigkeit in Österreich (Stand Anfang 2015). Etwa die Hälfte von ihnen sind im Besitz der Staatsbürgerschaft eines EU-Landes, wobei Deutschland und Rumänien die diesbezüglich am stärksten vertretenen EU-Staaten darstellen. Unter den Drittstaatsangehörigen bilden Türkinnen und Türken die am stärksten vertretene Nationalität vor Serbinnen und Serben sowie den Bürgerinnen und Bürgern aus Bosnien und Herzegowina. Etwa 20 Prozent der österreichischen Bevölkerung weisen einen soge-

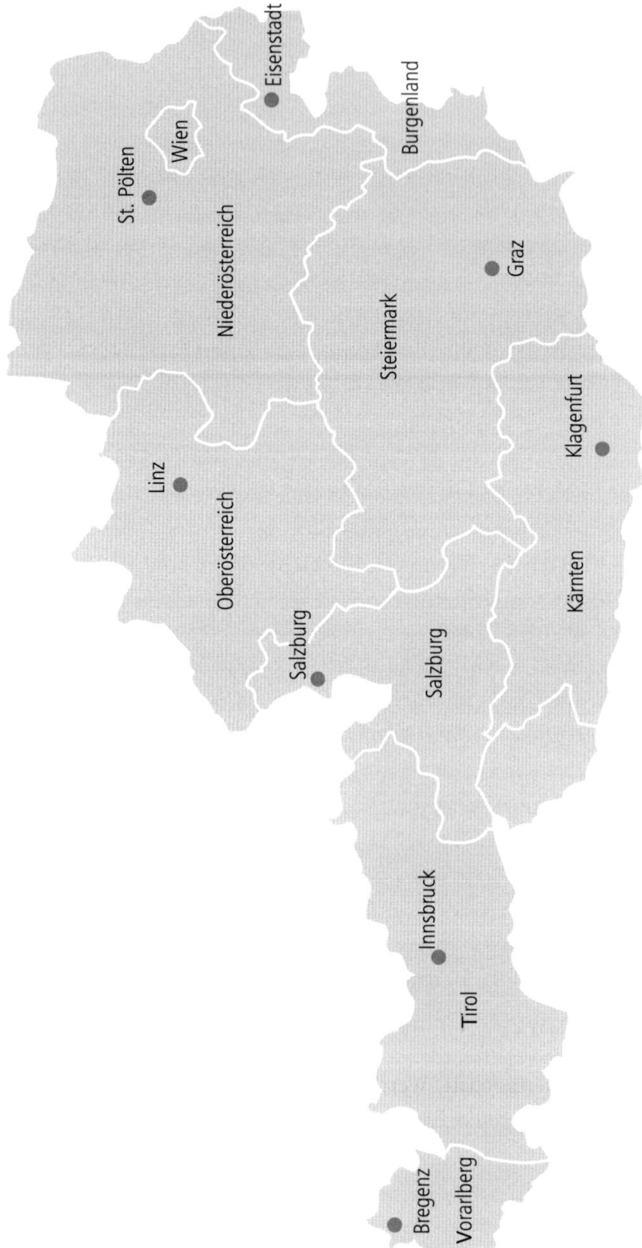

Abbildung 1: Österreich – Bundesländer und Hauptstädte

nannten Migrationshintergrund auf, diese Zahl ist in den letzten Jahren leicht gestiegen. Besondere Aufmerksamkeit kommt aus gegebenem Anlass dem Asylbereich zu. Wurden 2005, also im Jahr der letzten Auflage dieses Porträts, insgesamt 22.461 Asylanträge in Österreich gestellt, so lag die Zahl der Erstanträge nach dem ersten Halbjahr 2015 bereits bei 27.081 (BMI, 2015).

In Wien wohnen etwa 1,8 Millionen Menschen (2016), die beiden nächstgrößten Städte sind Graz mit etwa 270.000 und Linz mit ca. 194.000 Einwohnern. Mit insgesamt 111 Gemeinden, die weniger als 500 Bewohnerinnen und Bewohner aufweisen, und dem prozentual höchsten Anteil jener Gemeinden mit 1.000 bis 1.500 Einwohnerinnen und Einwohnern, ist Österreich als kleinstädtisch und ländlich zu charakterisieren.

Österreich umfasst eine Fläche von knapp 84.000 km^2, das ergibt eine Einwohnerdichte von 103 pro km^2. Teile des Staatsgebietes sind aufgrund der Alpenlandschaft nicht dauerhaft zu bewohnen und zu bewirtschaften.

Das österreichische Wirtschaftssystem ist als soziale Marktwirtschaft zu bezeichnen: Durch Marktordnungen werden vor allem im Agrarsektor Preise gestützt, durch die Sozialpartnerschaft, ein Forum der Interessenvertretungen, Lohn- und Preispolitik sowie andere wirtschaftliche Fragen behandelt. Zu den Staatsbetrieben zählten in Österreich Post, Eisenbahn, Bundesforste sowie Kommunalbetriebe und Landesunternehmen. Außerdem gab es verstaatlichte Unternehmungen in Energiewirtschaft und Grundstoffindustrie sowie bei den Großbanken. Die vergangenen Jahrzehnte brachten jedoch Privatisierungen mit sich. Im Binnenland Österreich ist die Wirtschaft mit den eben genannten Ausnahmen privatwirtschaftlich organisiert und kleinbetrieblich strukturiert. Etwa 87 Prozent der knapp 350.000 Unternehmen haben weniger als zehn Beschäftigte, lediglich 0,2 Prozent weisen 250 oder mehr Beschäftigte auf. Diese Größenordnungen sind insofern von Interesse, weil die Unternehmensgröße einen entscheidenden Einfluss auf die betrieblichen Weiterbildungsaktivitäten nimmt (Kap. 5 und 7). Die Tatsache, dass etwa 86 Prozent aller Unternehmen im Jahr 2013 einen Umsatz von weniger als einer Million Euro erwirtschaftet haben, bestätigt die kleinbetriebliche Strukturierung. In diesem Jahr verzeichnete Österreich zwar nur ein gedämpftes Wirtschaftswachstum von 0,2 Prozent – womit es in Relation zum internationalen Umfeld immer noch über dem Durchschnitt lag – konnte aber das Bruttoinlandsprodukt um 1,7 Prozent auf rund 323 Milliarden Euro steigern. Das BIP pro Einwohner betrug damit 37.000 Euro – hinter Luxemburg der zweithöchste Wert aller EU-Mitgliedsstaaten. Nach aktuellen Schätzungen des *World Economic Forum* ist Österreich das zwölftreichste Land der Welt – solche Rankings sagen aber wenig über die tatsächliche Vermögensverteilung im jeweiligen Land aus und sind daher auch kritisch aufzunehmen.

Etwa 3,5 Millionen Menschen (davon 1,8 Millionen Männer und 1,7 Millionen Frauen) sind unselbstständig erwerbstätig – zusammen mit den Selbstständigen gibt es etwa 4,1 Millionen Berufstätige. Die Anzahl der geringfügigen Beschäftigungsverhältnisse betrug 2014 durchschnittlich ca. 333.000 pro Monat (Tendenz seit 2010 steigend), davon fielen 63 Prozent auf Frauen. Auch die (seit 20 Jahren steigende) Teilzeitquote von 27,9 Prozent (2014) ist ungleich unter den Geschlechtern verteilt: Während diese Quote bei den männlichen Erwerbstätigen bei 10,9 Prozent liegt, arbeiten 46,9 Prozent der erwerbstätigen Frauen Teilzeit. Im Jahresdurchschnitt 2014 waren etwa 589.000 Ausländerinnen und Ausländer erwerbstätig, davon 387.000 Arbeiterinnen und Arbeiter (Abb. 2).

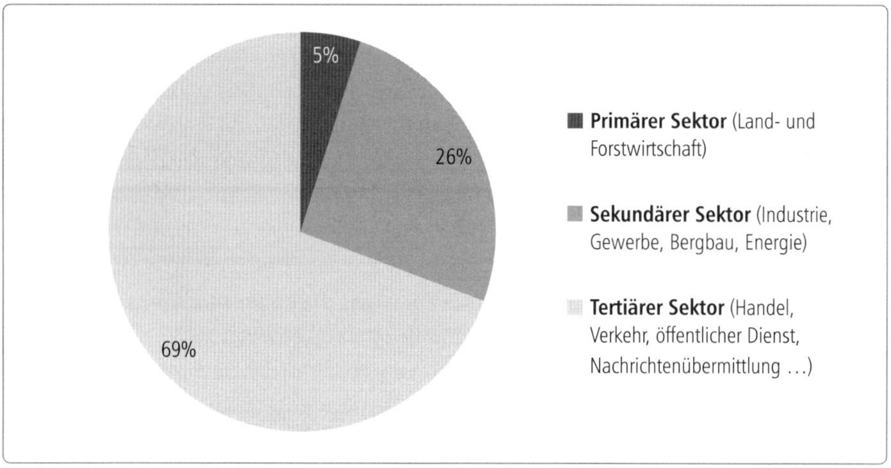

Abbildung 2: Anteile der Erwerbstätigen nach Wirtschaftszweig 2013

Wer arbeitslos, arbeitswillig und arbeitsfähig ist, hat Anspruch auf ein Arbeitslosengeld, das etwa 55 Prozent des vorher bezogenen Nettoeinkommens beträgt, gegebenenfalls aber durch Zulagen (für Kinder und/oder Partner) erhöht wird. Die Anspruchsdauer beträgt je nach Alter des Beziehenden zwischen 20 Wochen und 52 Wochen. Nach den ersten 100 Tagen des Bezugs ist es unter bestimmten Voraussetzungen des Beziehenden zumutbar, eine Stelle außerhalb des bisherigen Tätigkeitsfeldes zugewiesen zu bekommen. Endet der Bezug des Arbeitslosengeldes, kann eine Notstandshilfe beantragt werden. Diese Hilfe ist von den Vermögensverhältnissen der Bezugsperson abhängig, beträgt zwischen 92 und 95 Prozent des vorher bezogenen Arbeitslosengeldes und muss alle 52 Wochen neu beantragt werden. Die Voraussetzungen der Arbeitswilligkeit und -fähigkeit müssen auch hier gegeben sein. Seit dem Jahr 2010 kann darüber hinaus auch eine bedarfsorientierte Mindestsicherung bezogen werden, die die vormalige Sozialhilfe ersetzt hat. Die Mindestsicherung beträgt mindestens 827 Euro monatlich für Alleinstehende und dient als Unterstützung für jene, die ihren Lebensunteralt nicht selbstständig finanzieren können. Im Gegensatz zur früheren Sozialhilfe ist die Mindestsicherung an die Arbeitswilligkeit gekoppelt.

Die Zahl der Arbeitslosen wies in den letzten Jahren gewisse Schwankungen auf; gerade nach dem Höchststand von 2005 (mit 223.500 Arbeitslosen) sank die Arbeitslosenzahl wieder, ehe sie 2009 erneut gestiegen ist. Das Jahr 2014 brachte mit einem Durchschnitt von 244.900 Arbeitslosen – das entspricht einer Arbeitslosenquote von 5,6 Prozent, einem neuen Höchstwert. Mit 5,9 Prozent lag die Quote für Männer über jener der Frauen mit 5,4 Prozent.[2] Damit befindet sich Österreich aber freilich deutlich unter der Arbeitslosenquote aller 28 EU-Staaten, die im Jahr 2014 bei durchschnittlich 10,2 Prozent lag. Besonders schwer fällt die Wiedereingliederung von Personen in den Arbeitsmarkt, die älter als 45 Jahre sind. Aber auch junge Menschen sind stärker von wirtschaftlichen Krisen betroffen. Die Jugendarbeitslosigkeit war unter den EU-Staaten im Jahr 2014 mit 22,2 Prozent beinahe doppelt so hoch wie die allgemeine Arbeitslosenquote, in Österreich waren 10,3 Prozent der 15- bis 24-Jährigen arbeitslos – 58.200 Jugendliche und junge Erwachsene. Zwischen 2006 und 2013 befanden sich jährlich durchschnittlich 75.100 Jugendliche (7,4 Prozent aller Jugendlichen) in Österreich weder in einer Ausbildung noch in einem Arbeitsverhältnis. Für diese als NEET-Jugendliche (*Not in Education, Employment or Training*) bezeichnete Bevölkerungstruppe gilt, dass für Frauen sowie Migranten und Migrantinnen diesbezüglich ein erhöhtes Risiko besteht. Aktive Arbeitsmarkpolitik, eine gute Konjunktur und der Stellenwert der dualen Lehrausbildung nehmen dabei auf struktureller Ebene besonderen Einfluss auf die Zahl der NEET-Jugendlichen (Koblbauer, Tamesberger, Bacher, & Leitgöb, 2015). Die viel diskutierten Ergebnisse der PISA-Studien verweisen seit Jahren auf Defizite hinsichtlich der Lese- und Schreibfähigkeiten. Am Ende der Pflichtschulzeit gehören 20 Prozent der 15- und 16-jährigen Schülerinnen und Schüler zur Lese-Risikogruppe; jeder fünfte Jugendliche kann also einfache Leseaufgaben nicht routinemäßig lösen. Zudem legen die Ergebnisse des PIACC nahe, von rund einer Million erwachsener Personen in Österreich auszugehen, „die gravierende Probleme mit Texten aller Art (Fließtext, Darstellungen in Tabellenform oder Grafiken) haben dürfte“ (Titelbach, 2014, S. 4). Diese Bildungsdefizite stellen eine Herausforderung für zielgruppenspezifische Erwachsenenbildung dar. Bildungsangebote in Verbindung mit lebensorientierten Informationen sollten Kompetenzen und Perspektiven für die unmittelbare Zukunft bieten. Die öffentliche und von den Medien transportierte Diskussion der Bildungsproblematik lässt aus verschiedenen gesellschaftlichen Bereichen die Forderung nach erhöhten Investitionen in Aus- und Weiterbildung laut werden.

Laut Angaben des Hauptverbandes der Sozialversicherungsträger machte die Gesamtzahl aller Personen, die eine Alterspension beziehen, im Dezember 2013 1,3 Millio-

---

2 Die hier angeführten Zahlen beziehen sich auf die internationale Definition von Arbeitslosigkeit. Nach nationaler Definition des AMS wurden 2014 319.400 Arbeitslose registriert, was einer Quote von 8,4 Prozent bzw. einer Zunahme im Vergleich zum Vorjahr von 32.200 Personen (nach internationaler Definition: 13.600) entspricht.

nen aus, wobei der Anteil der Frühpensionen an den Alterspensionen etwa 20 Prozent beträgt. Einschließlich der mehrfachen Pensionen und der Pensionen aufgrund geminderter Arbeitsfähigkeit sowie für Witwen und Waisen gibt es in Österreich 2,3 Millionen Pensionsbeziehende, von denen 13,6 Prozent zwei oder mehr Pensionen beziehen. Die durchschnittliche monatliche Alterspension (ohne zwischenstaatliche Teilleistungen) betrug 2013 für Männer (brutto) 1.776 Euro, für Frauen 1.000 Euro. Das durchschnittliche Zugangsalter der Eigenpensionen lag 2013 bei 59,6 Jahren (Männer) bzw. 57,5 Jahren (Frauen).

Etwa 73,6 Prozent der Bevölkerung sind römisch-katholisch, 4,7 Prozent protestantisch, 4,2 Prozent muslimischen Glaubens, 3,5 Prozent haben ein anderes Religionsbekenntnis, 12 Prozent sind konfessionslos. Mitglied der Europäischen Union ist Österreich seit dem 1. Januar 1995.

2.2 Das österreichische Bildungswesen

Das staatliche Schulwesen wurde 1774 durch die „Allgemeine Schulordnung“ begründet. 1869 brachte das „Reichsvolksschulgesetz“ die achtjährige und seit 1962 gibt es die neunjährige Unterrichtspflicht (Schulpflicht), die mit dem sechsten Lebensjahr beginnt. In diesem Jahr einigte man sich auf eine verfassungsrechtliche Schulgesetzgebung; seither bedarf es zur Änderung wesentlicher Schulgesetze einer Zweidrittelmehrheit im Nationalrat. Die Organisation des Schulwesens obliegt im Wesentlichen dem Bund, der über gesetzliche Grundsätze zu Fragen der Errichtung, Erhaltung, Auflassung von öffentlichen Pflichtschulen bzw. die Schulzeit oder die Anzahl der Schülerinnen und Schüler entscheidet. Gleichzeitig erlassen und vollziehen die einzelnen Bundesländer Ausführungsgesetze. Dabei spielen die Landesschulräte eine besondere Rolle, sind diese doch in den und für die einzelnen Bundesländer zuständig, als Schulbehörde unterstehen sie aber dem Bund. Zusätzlich gibt es noch die einzelnen Schulabteilungen/Referate für Pflichtschulen der neun Bundesländer. Die öffentlichen Schulen sind allgemein zugänglich, der Schulbesuch ist unentgeltlich. Im Schuljahr 2013/14 waren insgesamt knapp über 1,1 Millionen (genau: 1.134.863) Schülerinnen und Schüler an den rund 6.000 Schulen in Österreich gemeldet. Knapp ein Zehntel aller Schulen sind Privatschulen, über die Hälfte von ihnen wird von kirchlichen Einrichtungen getragen. Der Großteil aller Schülerinnen und Schüler in Privatschulen verteilt sich auf höhere Schulen, nur 5 Prozent aller Privatschülerinnen und -schüler entfallen auf Volksschulen.

Elementarstufe

Die Elementarstufe differenziert sich nach dem Alter der Kinder. Eine altersgerechte Betreuung für Kinder unter drei Jahren bieten die Kinderkrippen, die meist ganztägig und ganzjährig geöffnet haben und vor allem im urbanen Raum angesiedelt sind. Für Kinder ab drei Jahren stehen Kindergärten zur Verfügung, die seit September 2010 für das letzte Jahr vor dem Eintritt in die Primarstufe verpflichtend sind. Daneben haben sich noch andere Einrichtungen wie die Kindergruppen, die Tagesmütter und -väter sowie sonder- und heilpädagogische Angebote etabliert. Ein Großteil aller Einrichtungen wird von Gebietskörperschaften (vorwiegend Gemeinden) finanziert; daneben fungieren Pfarren, Familienorganisationen, gemeinnützige Vereine, Betriebe und Privatpersonen als Träger von Einrichtungen.

Die Elementarstufe entspricht der ISCED-Stufe 0.

Primarstufe

In den Bereich der vierjährigen Primarstufe fallen (a) die Vorschulen für schulpflichtige Kinder, die (noch) nicht die notwendige Schulreife aufweisen, und (b) die Volksschulen, die somit am Beginn der allgemeinen Schulpflicht mit dem vollendeten sechsten Lebensjahr stehen. Neben den öffentlichen Volksschulen existieren auch private Volksschulen mit Öffentlichkeitsrecht zur Erfüllung der Schulpflicht. Am Beginn der vierten Schulstufe findet für die Erziehungsberechtigten eine Bildungsberatung über den weiteren Bildungsweg des Kindes statt. Für Kinder mit speziellem Förderbedarf gibt es eigene Integrationsklassen mit etwa 21 Kindern und einer zusätzlichen, speziell ausgebildeten Lehrkraft. Im Schuljahr 2010/2011 waren überdies 828 Kinder, das entspricht einem Anteil von 0,25 Prozent, in häuslicher Erziehung (*Homeschooling*) (Stanzel-Tischler, 2013).

Die Primarstufe entspricht der ISCED-Stufe 1.

Sekundarstufe I

Die vierjährige Sekundarstufe I schließt an die vierjährige Primarstufe an und bietet drei Wahlmöglichkeiten: die Hauptschule, die Neue Mittelschule (NMS) und die Unterstufe der allgemeinbildenden höheren Schule (AHS). Die Hauptschule soll bis 2018/19 vollständig für alle Klassen von der bereits bestehenden NMS abgelöst werden. Die seit 2012 zur Regelschule erklärte NMS hat zum Ziel, die bisher zu frühe Trennung der Kinder nach „Bildungskarrieren“ zu vermeiden. Neue Lernkulturen, innere Differenzierung, Individualisierung sowie vielfach ganztägige Betreuung bieten die Fundamente der NMS. Die Unterstufe der AHS ist stärker an einem humanistischen Bildungsbegriff orientiert und führt in der Regel zum Verbleib in einer höheren Schule der Sekundarstufe II. Markante Unterschiede gibt es in Bezug auf die Umgangssprache der Schülerinnen und Schüler in den unterschiedlichen Schultypen. So verwenden in der NMS knapp über 28 Prozent der Schülerinnen und Schüler eine andere Umgangssprache als Deutsch. Im Vergleich dazu ist dieser Anteil in der AHS-Unterstufe deutlich geringer (17%).

Neben integrativen Unterrichtsformen für Schülerinnen und Schüler mit besonderem Förderbedarf gibt es auch Sonderschulen (vom 6. bis zum 15. Lebensjahr). Wer nach der Sekundarstufe I einen Beruf ergreifen möchte, muss die neunte Schulstufe in einer polytechnischen Schule oder einer einjährigen berufsbildenden mittleren Schule (z.B. Haushaltsschule) absolvieren.

Die Sekundarstufe I entspricht der ISCED-Stufe 2.

Sekundarstufe II

Die Sekundarstufe II knüpft an die 9. Schulstufe an, und weist eine stärkere Differenzierung auf als die Sekundarstufe I. Berufsbildungsorientiert sind auf dieser Stufe die bereits erwähnte (ein- bis zweijährige) polytechnische Schule, die zum Übertritt in die Lehre oder eine weiterführende Schule berechtigt, sowie die Berufsausbildung im dualen System (Lehre und Berufsschule), das einen berufsbegleitenden, geblockten und fachlich spezifischen Unterricht während der gesamten Lehrzeit bietet. In Relation zu allen 15-Jährigen befanden sich knapp 39 Prozent im ersten Lehrjahr einer dualen Berufsausbildung. 1970 waren es noch knapp die Hälfte. Bei der Berufswahl gibt es seit Jahrzehnten starke geschlechtsspezifische Muster, die sich kaum verändern (Gruber, 2008). So wählen etwa zwei Drittel der weiblichen Lehrlinge die Berufe Einzelhandelskauffrau, Bürokauffrau und Friseurin, bei den männlichen Lehrlingen konzentriert sich die Hälfte der Auszubildenden zumindest auf zehn Lehrberufe, allen voran Metall-, Elektro- und Kraftfahrzeugtechnik. Außerdem gibt es die Möglichkeit einer Lehre mit Matura/Abitur. Die berufsbildenden mittleren Schulen (BMS) vermitteln eine teilweise Berufsausbildung nach 1 bis 2 Jahren bzw. eine abgeschlossene Berufsausbildung nach 3 bis 4 Jahren. Die berufsbildenden höheren Schulen (BHS) bieten eine fünfjährige Ausbildung zu gesetzlich geregelten Berufen und nach der Reifeprüfung (Matura/Abitur) die Berechtigung zum Studium an einer Hochschule. Der Anteil der Schülerinnen und Schüler an den AHS stieg in der 9. Schulstufe seit Beginn der 1980er Jahre von 20 auf 27 Prozent, jener an den BHS sogar von 20 auf 35 Prozent.

Auch das Berufsvorbereitungsjahr und die integrative Berufsausbildung haben die Integration in den Arbeitsmarkt zum primären Ziel, in diesem Fall zielgruppenorientiert für Jugendliche mit Behinderung oder Benachteiligung. Die Oberstufe der AHS stellt das allgemeinbildende Element stärker in den Vordergrund und schließt mit der Reifeprüfung, die zugleich als Berechtigung für die Aufnahme eines Hochschulstudiums gilt. Knapp 87 Prozent der Maturantinnen und Maturanten beginnen innerhalb von drei Jahren nach der Reifeprüfung ein Studium (Statistik Austria, 2014a). Mittlerweile absolvieren ca. 40 Prozent eines Jahrgangs die Matura.

Die Sekundarstufe II entspricht der ISCED-Stufe 3.

Über den „zweiten Bildungsweg" können neben der Basisbildung auch folgende Bildungsabschlüsse nachgeholt werden: Hauptschulabschluss, Polytechnikum, Lehrabschluss, Reifeprüfung einer AHS oder BHS über eine Externistenprüfung, Abendschulen oder Aufbaulehrgänge, Beamtenaufstiegsprüfung („B-Matura"), Studienberechtigungsprüfung und Berufsreifeprüfung.

Postsekundärer, nicht-tertiärer Bereich

Dieser Bereich umfasst gewissermaßen einen Zwischenbereich von Ausbildungen, die zwar auf die Sekundarbildung folgen, gleichzeitig aber nicht dem tertiären Bereich zuzuordnen sind. In diesen Bereich fallen etwa die dreijährigen Schulen für Gesundheits- und Krankenpflege, deren Anzahl durch zunehmende tertiäre Ausbildungsmöglichkeiten an Fachhochschulen abnimmt, sowie ein fachlich weit gestreutes Feld an Ausbildungen für sonstige Gesundheitsberufe.

Der postsekundäre, nicht-tertiäre Bereich entspricht der ISCED-Stufe 4.

Tertiäre Kurzausbildungen

In den Bereich der tertiären Kurzausbildungen fallen unterschiedliche Ausbildungen mit berufsspezifischer Ausrichtung, bei denen eine praxisorientierte Kompetenzvermittlung im Vordergrund steht. Bei den drei- bis vierjährigen Schulen für Berufstätige beispielsweise handelt es sich in erster Linie um Höhere Lehranstalten und Schulen für Sozialberufe, die mittels Abendunterricht fachspezifische Abschlüsse anbieten. Daneben bieten dreijährige Aufbaulehrgänge die Möglichkeit eines BHS-Abschlusses, die ein- bis zweijährigen Werkmeister-, Bauhandwerker- und Meisterschulen eine kommissionelle Abschlussprüfung und die viersemestrigen Kollegs eine gehobene Berufsausbildung. Diese Programme können auch unter den ersten Teil eines Bachelor-Programms fallen.

Tertiäre Kurzausbildungen entsprechen der ISCED-Stufe 5.

Tertiärer Bereich

Die tertiäre Ebene lässt sich in vier Bereiche untergliedern: Universitäten, Fachhochschulen, Pädagogische Hochschulen sowie Lehrgänge an verschiedenen Hochschulen.

Die 22 öffentlichen Universitäten in Österreich bieten eine Vielfalt an Studienrichtungen für etwa 300.000 Studierende, 53 Prozent davon sind weiblich. Diese Zahl ist allerdings nur bedingt aussagekräftig hinsichtlich der tatsächlichen Studienaktivität, ein Viertel der Studierenden ist in den ersten beiden Semestern komplett prüfungsinaktiv (Thaler & Unger, 2014). Die öffentlichen Universitäten erheben keine Studiengebühren, allerdings gibt es mittlerweile in einigen Fächern – wie beispielsweise Medizin, Biologie, Psychologie – Studieneingangsprüfungen. Unbestritten ist der wachsende Zulauf zu den

Universitäten, der mit einer kurzen Ausnahme zur Jahrtausendwende, seit 1955 anhält. Die beliebtesten Studienfächer stellen traditionell Rechtswissenschaften, Wirtschafts- und Sozialwissenschaften und Medizin dar. Neben (wenigen verbliebenen) Diplomstudien wird der Großteil der Studienrichtungen im Bachelor- und Mastersystem angeboten, das heißt, nach einem drei- bis vierjährigen Bachelorstudium kann ein fachlich zumindest verwandtes Masterstudium (mit der Dauer von 1 bis 2 Jahren) absolviert werden. Diese Möglichkeit nutzen beinahe 90 Prozent der Absolventinnen und Absolventen eines Bachelor-Studiums. Darauf aufbauend bieten Universitäten sogenannte Doktoratsstudien zur wissenschaftlichen Qualifizierung an. Das Durchschnittsalter der Master-Absolventen lag 2012 bei etwa 27 Jahren.

Einen besonderen Stellenwert in der Universitätslandschaft nimmt die Donau-Universität Krems ein, die als reine Weiterbildungsuniversität insgesamt über 8.500 Studierende betreut und auf einem eigenen Gesetz basiert. Neben den öffentlichen Universitäten bilden derzeit 12 private Universitäten knapp 9.300 Studierende aus, beinahe 62 Prozent von ihnen sind weiblich und etwa 39 Prozent aus dem Ausland.

Fachhochschulen (FH) weisen in Österreich eine vergleichsweise junge Geschichte auf. Durch das Fachhochschulgesetz, 1993 ins Leben gerufen, wurden im Studienjahr 1994/1995 die ersten FH-Studiengänge angeboten. Inskribierten sich damals noch knapp 700 Studierende, so waren es im Wintersemester 2013/2014 schon beinahe 46.000 Studentinnen und Studenten, davon 48 Prozent Frauen, 16 Prozent ausländische Studierende und beinahe 18.400 Erstsemestrige. Ebenso stiegen die FH-Studienabschlüsse innerhalb der letzten zehn Jahre jährlich von ca. 5.000 auf beinahe 12.800. Dieses Erfolgsmodell ist wohl einerseits in der inhaltlichen Praxis- und Berufsorientierung und andererseits in der schulisch-straffen Organisation, die einen Studienabschluss in Mindestzeit ermöglicht, begründet. Während es an den Universitäten bisher kaum berufsbegleitende Studiengänge gibt, bieten die Fachhochschulen eine große Anzahl an berufsbegleitenden Studien sowie auch Fernstudien an. Angeboten werden Studien im Bereich der Ingenieur-, Natur-, Sozial- und Wirtschaftswissenschaften sowie im technischen Bereich und seit einigen Jahren im Bereich des Gesundheitswesens. Fachhochschulstudiengänge werden (vereinzelt noch) als vierjährige Diplomstudien, zumeist aber als dreijährige Bachelorstudien und als darauf aufbauende, meist zweijährige, Masterstudien angeboten. Promotionsmöglichkeiten gibt es an den Fachhochschulen keine.

Für die Aufnahme ist die für Universitäten obligatorische Reifeprüfung für Fachhochschulen nicht zwingend erforderlich, sondern kann durch entsprechende berufliche Qualifikationen und/oder Zusatzprüfungen kompensiert werden.

Pädagogische Hochschulen (PH) dienen der Ausbildung von Lehrkräften für unterschiedliche Lehrämter im Pflichtschulbereich (Volksschulen, NMS, Sonderschulen, Polytechnische Berufsschulen, aber auch speziellere Lehrämter wie Ernährungspädagogik oder Freizeitpädagogik). Neben den öffentlichen Pädagogischen Hochschulen gibt es auch private Pädagogische Hochschulen, die fast ausschließlich kirchliche Träger aufweisen. Im Gegensatz zur Ausbildung an den Pädagogischen Hochschulen findet die Ausbildung der Lehrkräfte für die höheren Schulen an den Universitäten statt und endet zumindest mit einem Master-Abschluss. Mit dem Reformkonzept der „PädagogInnenbildung Neu“ (PBN) findet mit Beginn des Wintersemesters 2015/16 eine generelle Umstrukturierung sowie eine Umstellung auf neue Curricula für die Lehrämter „Primarstufe“ und „Sekundarstufe“ statt. Das neue Lehramt für die Primarstufe sieht dann neben einem Bachelorstudium ein mindestens einjähriges Masterstudium mit 60 ETCS-Punkten und einer fachlichen Vertiefung vor. Das neue Lehramt zur Sekundarstufe beinhaltet neben dem Bachelorstudium ein mindestens anderthalbjähriges Masterstudium (90 ETCS) und berechtigt zur Lehrtätigkeit an einer NMS, AHS oder BMHS. Kernpunkte der PBN sind eine stärkere Kompetenzorientierung der zukünftigen Lehrkräfte und die Forcierung der Zusammenarbeit zwischen universitären und Pädagogischen Hochschulen. Insgesamt studierten 2012/2013 österreichweit knapp 15.400 angehende Lehrkräfte an Pädagogischen Hochschulen, davon fast 5.200 an einer der acht privaten Hochschulen.

Die Universitätslehrgänge an Universitäten sowie die Lehrgänge zur Weiterbildung nach §14a FHSTG an Fachhochschulen stellen Weiterbildungsprogramme dar, die sich als Möglichkeit zur beruflichen Zusatzqualifikation verstehen. Sie richten sich somit vorrangig an Berufstätige. Das meist berufsbegleitende Angebot orientiert sich an einem festgelegten Studienplan und variiert hinsichtlich der Studiendauer zwischen zwei und vier Semestern. Zum Teil werden Masterabschlüsse vergeben (MBA, MAS etc.), die bisher jedoch nicht den Zugang zu einem Doktoratsstudium an einer Universität ermöglichen. Als allgemeine Voraussetzung für die Teilnahme gelten ein abgeschlossenes Studium und/oder eine fachspezifische Berufserfahrung; die genauen Aufnahmevoraussetzungen können dabei je nach Lehrgang individuelle Unterschiede aufweisen. Die Kosten der Lehrgänge variieren in Österreich je nach Umfang und Reputation sehr stark, können aber 20.000 Euro übersteigen.

Der Tertiärbereich umspannt die ISCED-Stufen 6 bis 8 (6: Bachelor bzw. gleichwertiges Studium; 7: Master bzw. gleichwertiges Studium; 8: Promotion bzw. gleichwertiges Studium).

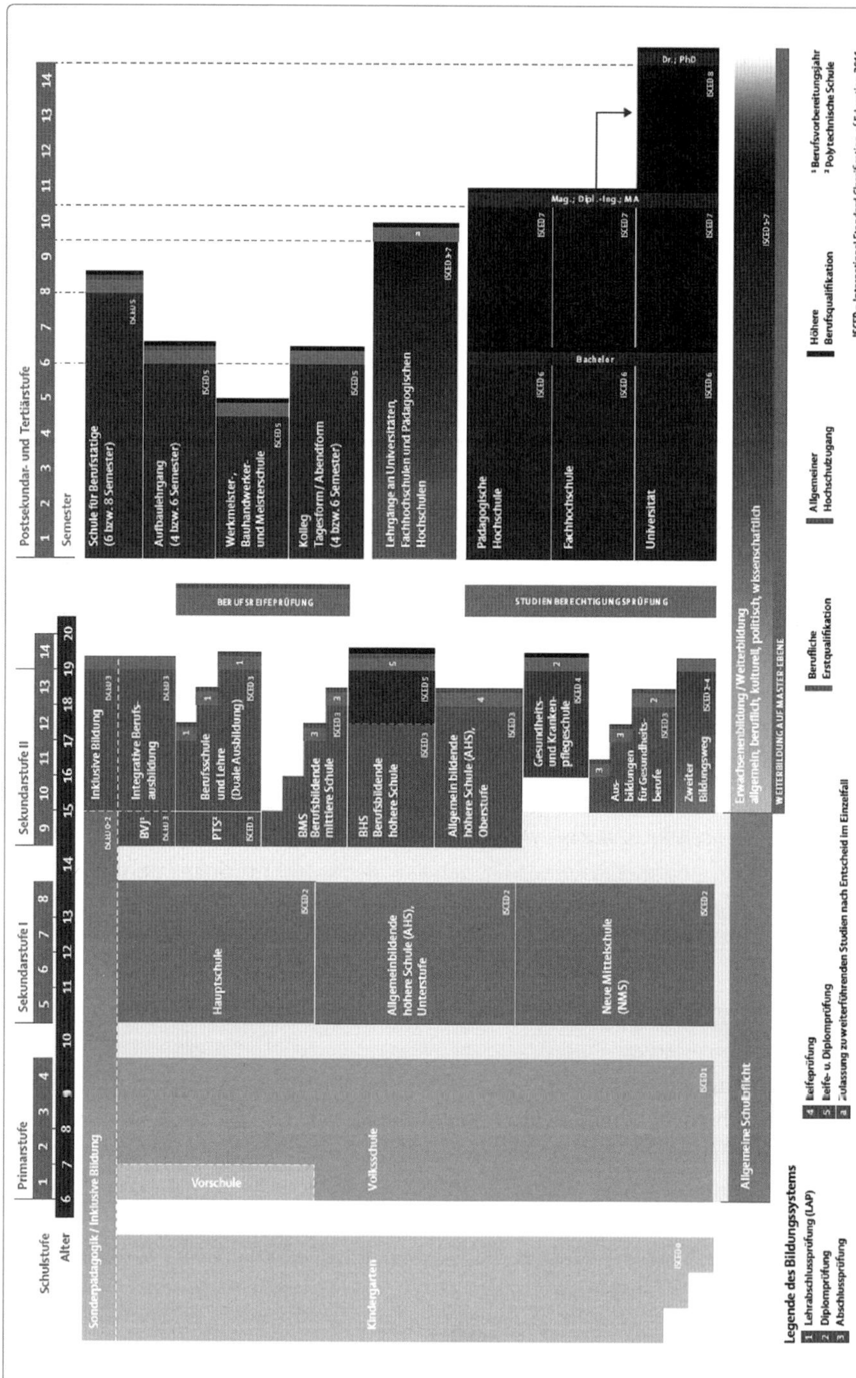

Abbildung 3: Bildungssystem in Österreich (Quelle: www.bildungsystem.at)

Tendenzen

Aufgrund der Bildungsexpansion seit den 1970er Jahren hat sich das Bildungsniveau der österreichischen Bevölkerung kontinuierlich erhöht. Die eigentlichen Gewinner sind die Frauen, ihr Bildungsniveau hat sich auf allen Ebenen stark verbessert. Deshalb wird diese Entwicklung gern als „Revolution" bezeichnet, der man jedoch das kleine Wörtchen „still" voranstellt. Der Begriff der „Revolution" steht für das historische Ausmaß der Veränderungen und Umwälzungen; der Begriff „still" weist auf den gesamtgesellschaftlich gesehen wenig beachteten Weg und die noch keinesfalls zufriedenstellenden Erträge dieser Entwicklung für die Frauen in Bezug auf ihre Bezahlung und Stellung in der Arbeitswelt hin.

Der prozentuale Anteil der Bevölkerung, der nur über einen Pflichtschulabschluss als höchste Ausbildung verfügt, sank von 34,2 Prozent im Jahre 1991 auf 15,6 Prozent im Jahre 2013, dabei deutlich stärker bei den Frauen. Demgegenüber kam es sowohl auf Sekundarstufe II (hier verhältnismäßig am stärksten bei den BHS) als auch auf tertiärer Stufe zu einer deutlichen Zunahme an Abschlüssen. Seit 1971 ist der Anteil der Personen mit Universitäts-, Fachhochschul-, Pädagogische Akademie/Pädagogische Hochschul- oder Kollegabschluss beinahe um das Sechsfache angestiegen. Hier haben Frauen den Anteil der Männer bereits überstiegen. Auf den anderen Stufen gibt es trotz deutlicher Angleichungsprozesse noch merkliche Unterschiede hinsichtlich der Geschlechter; am auffallendsten gestalten sich die Differenzen im Bereich der Lehre, die stärker von den jungen Männern und der BMS, die stärker von jungen Frauen frequentiert wird, was zweifellos mit den unterschiedlichen Konnotationen der damit angestrebten Berufsfelder hinsichtlich Geschlechterrollen und -erwartungen zu tun hat.

Mit der kontinuierlichen Höherqualifizierung der letzten Jahre stiegen auch die staatlichen Bildungsausgaben. Im Jahr 2013 beliefen sich diese auf eine Gesamtsumme von rund 17,8 Milliarden Euro, 44 Prozent mehr als im Jahr 2005, dem Jahr der letzten Auflage des Porträts Weiterbildung. Am stärksten von den Mehrausgaben waren die Pädagogischen Hochschulen (+120%), die Kindergärten (+94,5%) und die Fachhochschulen (+71%) betroffen. Für die Weiterbildung, der bis dato eine gesetzlich verpflichtete Finanzierung fehlt, ist die Datenlage zwar unübersichtlich (Kap. 6), die für 2009 geschätzten 362 Millionen von Bund, Länder und Gemeinden (Lassnigg, Vogtenhuber, & Osterhaus, 2012, S. 40) muten aber im Vergleich dazu sehr bescheiden an.

Die Erwachsenenbildung in Österreich erweist sich als Mosaik – Lern- und Bildungsangebote werden von verschiedenen Interessengruppen befördert und getragen. Aufgrund der gestiegenen Bedeutung haben sich Anbieter mit unterschiedlichem Selbstverständnis im Sektor Erwachsenenbildung etabliert: Sie wollen belehren, bilden, unterrichten, forschen, beraten, helfen, missionieren, überzeugen und überreden oder einfach am Weiterbildungsboom verdienen.

Weiterbildung ist ein Arbeitsfeld geworden, das – wie im übrigen Bildungsbereich – ermöglicht, beruflich tätig zu sein und sich seinen Lebensunterhalt zu verdienen. In den vergangenen drei Jahrzehnten haben nicht zuletzt privatwirtschaftliche Anbieter, die für die innerbetriebliche Fortbildung, die berufliche Qualifizierung, das Nachholen von Schulabschlüssen, aber auch für die Persönlichkeitsentwicklung Bildungsmaßnahmen anbieten, das Mosaik Erwachsenenbildung noch vielfältiger gemacht. Der „Markt" Erwachsenenbildung lockt mit großer Auswahl. Den Konsumenten bleibt die Qual der Wahl – und die Entscheidung, was sie an Zeit und Geld investieren können und wollen.

Schultyp / Jahr	1991			2001			2013		
	insg.	weibl.	männl.	insg.	w.	m.	insg.	w.	m.
Pflichtschule	**34,2**	**43,1**	**25,3**	**26,2**	**33,1**	**19,3**	**15,6**	**19,4**	**11,7**
Sekundarstufe	**59,0**	**50,9**	**67,0**	**63,4**	**56,4**	**70,3**	**67,5**	**62,6**	**72,5**
Berufsbildende höhere Schule	4,7	3,7	5,7	6,2	5,3	7,1	9,4	9,3	9,5
Allgemeinbildende höhere Schule	4,7	4,8	4,6	4,7	4,9	4,6	5,5	5,8	5,3
Lehre	37,0	25,4	48,6	39,4	27,7	51,1	39,5	29,9	49,3
Berufsbildende mittlere Schule	12,5	17,0	8,1	13,1	18,6	7,5	13,0	17,6	8,5
Tertiärstufe	**6,9**	**6,0**	**7,8**	**10,5**	**10,5**	**10,5**	**16,9**	**15,8**	**18,0**
Universität, Fachhochschule	5,3	3,7	6,9	7,5	6,2	8,8	13,8	13,4	14,2
Hochschulverwandte Lehranstalten	1,6	2,3	0,9	2,3	3,5	1,1	3,1	4,6	1,6

Tabelle 1: Höchste abgeschlossene Ausbildung der Erwerbsbevölkerung 1991, 2001, 2013 (Angaben in Prozent) (Quelle: Statistik Austria, 2015a, S. 37)

Gleichzeitig wurde unter dem Einfluss der europäischen Bildungspolitik eine neue Steuerungskultur begründet, in deren Folge eine gesamtösterreichische Strategie zum lebensbegleitenden Lernen, neue Förderstrukturen, klare programmatische Schwerpunkte, Maßnahmen der Qualitätsentwicklung und der Professionalisierung sowie eine stärkere Evidenzbasierung von politischen Entscheidungen in der Erwachsenenbildung implementiert wurden. Für die Erwachsenenbildung bieten diese Maßnahmen Möglichkeiten zur Schärfung ihres eigenen Profils und zur Abgrenzung gegenüber anderen – etwa esoterischen – Angeboten. Diese Schärfung des Profils wird auch notwendig sein, um den Stellenwert und die Bedeutung in einem sich entwickelnden System des Lebenslangen Lernens behaupten zu können. Damit verbunden ist die Frage nach dem Wesentlichen, dem Kern der Erwachsenenbildung – das Inhaltlich-Fachliche und das Erwachsenenpädagogische sollten stärker hervorgehoben werden. Dazu gehört auch die Frage nach der Bedeutung des Bildungsbegriffs, der sowohl den Begriff der Erwachsenen- wie der Weiterbildung konstituiert und der neben dem Brauchbarkeits- und Nützlichkeitsaspekt auch kritische, politische und emanzipatorische Aspekte beinhaltet. Diese wurden in den letzten Jahren aufgrund neoliberaler Politik eher marginalisiert.

3. Historische Entwicklung

3.1 Historiografie

Für die Aufarbeitung und Erforschung der Geschichte der österreichischen Erwachsenenbildung – insbesonders der Volkshochschulen – hat sich in den letzten Jahren das „Österreichische Volkshochschularchiv" national und international profiliert. Es sammelt Archivalia, Dokumente und Nachlässe, betreut eine rasch wachsende Bibliothek, organisiert wissenschaftliche Kommunikation in Form von Forschungsprojekten, Kongressen und Publikationen.[3] „Spurensuche", die „Zeitschrift für Geschichte der Erwachsenenbildung und Wissenschaftspopularisierung" ist das Periodikum des Archivs.

Historische Aspekte von Bildungs- und Lernprozessen Erwachsener sind Thema in unterschiedlichen wissenschaftlichen Disziplinen. Als Querschnittsthematik finden sich Bezugspunkte zum Beispiel im Recht, der Nationalökonomie, der Soziologie, Geografie oder in der Regionalgeschichte. Die damit angesprochene Komplexität verdeutlicht die Herausforderung, der umfassenden Geschichte der Bildung Erwachsener gerecht zu werden. Nicht zuletzt gilt das auch in Hinblick auf den 1995 erfolgten Beitritt Österreichs zur Europäischen Union. Spätestens dadurch ist die Geschichte der österreichischen Erwachsenenbildung nicht ohne europäische Dimension zu beschreiben.

3.2 Verlauf

Wie in anderen europäischen Ländern verdichtet sich die Geschichte der österreichischen Erwachsenenbildung seit der Aufklärung und infolge der Industrialisierung. Von der Aufklärung gingen die Hoffnung und Vorstellung aus, die Menschen durch Erziehung und Bildung beeinflussen zu können; die Industrialisierung bewirkte den Bedarf nach qualifizierten Arbeitskräften. Nach der Auflösung des Jesuitenordens im Jahre 1773, der die Bildungsarbeit in Schulen und Universitäten verantwortete, setzte der absolutistische Staat ein Signal für die Bedeutung der Volksbildung: Unter Maria Theresia wurde 1774 die „Allgemeine Schulordnung" (sechsjährige Schulpflicht in der Elementarbildung) eingeführt. Bildung galt damit als *politicum* – als Angelegenheit des Staates. Das „pädagogische" 18. Jahrhundert brachte für die damalige österreichische Monarchie einen Mo-

3 Als übersichtliche Darstellung zur historischen Entwicklung der Erwachsenenbildung in Österreich liegt das Buch von Wilhelm Filla, Generalsekretär des österreichischen Volkshochschulverbandes von 1979 bis 2012, vor: „Von der freien zur integrierten Erwachsenenbildung" (2014). Darin verbinden sich historische Darstellung mit Reflexionen zur wissenschaftlichen Methodik und Sichtweise.

dernisierungsschub im Bildungswesen. Schon aus dieser Zeit sind Einrichtungen bekannt, die der Volksbildung zuzurechnen sind: Sonntagsschulen für die schulentlassene Jugend; „Agrikultursozietäten", landwirtschaftliche Gesellschaften, die neue Methoden in Ackerbau und Viehzucht für Tätige in der Landwirtschaft vermittelten; Lernangebote für Werktätige in Manufakturen, Bergbau und Handel; Lesekabinette und Lesegesellschaften, um gemeinnützige Kenntnisse zu verbreiten; „Patriotische Gesellschaften", die sich mit politischen, moralischen, naturwissenschaftlichen und technischen Fragen beschäftigten.

Wenn man Erwachsenenbildung in einem weiteren Sinne sieht, dann ist vor allem die zünftische Berufsausbildung als eine frühe Form von Weiterbildung zu nennen. Vom Mittelalter bis weit ins 19. Jahrhundert war diese in Österreich von Bedeutung und sah – neben einer Lehre im Betrieb – für fast alle handwerklichen Berufsgruppen nach dem Lehrabschluss eine verpflichtende Wanderschaft von mehreren Jahren vor. Im Rahmen dieser Arbeits- und Reisetätigkeit konnten sich die Gesellen nicht nur neue berufliche Fertigkeiten aneignen und aktuelle Technologien kennenlernen, die Wanderschaft bot auch die Möglichkeit einer allgemeinen Weiterbildung in Bezug auf „Sitte und Anstand" – wie es die Zünfte gerne sahen, später auch in Richtung einer politischen Bildung – wie Beschreibungen von fahrenden Gesellen aus dem 19. Jahrhundert zeigen (Gruber, 1996, S. 68).

Einen Anfang der österreichischen Volksbildung festzusetzen, ist ein umstrittenes Unterfangen und bedarf daher stets einer Begründung. Die genannten Beispiele zeigen, dass Bemühungen um die Bildung Erwachsener parallel zu den sich entwickelnden gesellschaftlichen Fragen vorhanden waren und von den unterschiedlichen Gruppeninteressen beeinflusst wurden. Mehr und mehr haben aber Erziehung und Bildung, auf Basis der philosophischen Überlegungen der Aufklärung, für die Interessen der Herrschenden und Mächtigen, aber auch für die Anliegen der Abhängigen und Unterdrückten Bedeutung erlangt. Das Menschengeschlecht und der einzelne Mensch wurden als entwicklungsfähig angesehen, die gesellschaftliche Ordnung nicht als starr vorgegeben, sondern als veränderbar aufgefasst. Es macht also durchaus Sinn, einen ideengeschichtlichen Kontext für die Begründung einer „modernen Erwachsenenbildung" heranzuziehen. Als Ausdruck der umfassenderen Modernisierung der Gesellschaft ist die Entfaltung und Ausdifferenzierung der Volksbildung im 19. Jahrhundert in engem Zusammenhang mit der politischen Geschichte zu sehen. Soziale Bewegungen und Interessengruppen betrachteten die Bildung Erwachsener als eines ihrer Hoffnungsgebiete. Politische Absichten und Ziele sollten dadurch auf eine breite Basis gestellt werden. Aufgrund der sozialen Notlage großer Teile der Bevölkerung verband sich Volksbildung oft mit sozialer Hilfe – modern formuliert: Andragogische und sozialpädagogische Maßnahmen gingen ineinander über. Darüber hinaus lassen sich auch organisatorisch-formale Gesichtspunkte heranziehen, um den (wenn auch unscharfen) Beginn einer modernen Form der Volksbildung festzumachen. Institutionalisierungsform, Kontinuität des Angebots, das Selbstverständnis der Einrichtung, internationale Beziehungen, vorhandene Bildungsinfrastrukturen oder Ähnliches spielen bei der Definition moderner Erwachsenenbildung eine ebenso entscheidende Rolle (Filla, 2014, S. 18).

Im Vergleich zu den anderen Bereichen des Bildungswesens erweist sich der Konstitutionsprozess der modernen Erwachsenenbildung in mehrfacher Weise als einzigartig. Die Politisierung dieses Bildungssektors erfolgte nämlich nicht durch staatlich-zentralisierte Regulation, sondern erfuhr die entscheidenden Impulse immer durch lokale, regionale Kräfte „von unten". Wenig verwunderlich entwickelte sich die moderne Volksbildung daher vergleichsweise staatsfern und in privaten Rechtsformen. Mit dem Prinzip der Freiwilligkeit bildete sie zudem einen Gegensatz zur staatlich verpflichtenden Teilnahme am Schulunterricht (ebd., S. 24).

Unterschiedliche Interessen standen zu Beginn des 19. Jahrhunderts bei der Entwicklung der Volksbildung Pate. Beispielhaft und repräsentativ sind dafür anzugeben:

- Repräsentanten des Bürgertums, Vertreter der Universitäten boten Kurse zur allgemeinen Fortbildung und zum Erwerb gemeinnütziger Kenntnisse an.
- Die ersten Volksbibliotheken wurden gegründet.
- Erzherzog Johann als Repräsentant des absolutistischen Herrscherhauses und des Adels sorgte für das Volk durch Gründung des „Joanneums" (1811), einer Stätte für Forschung, Lehre und Weiterbildung, sowie durch Etablierung der „Landwirtschaftlichen Gesellschaft" (1819) in der Steiermark.

So begannen sich seit der zweiten Hälfte des 19. Jahrhunderts verschiedene Richtungen der Erwachsenenbildung abzuzeichnen, die gewissermaßen die „großen" Antagonismen jener Zeit widerspiegeln. Hier ist zunächst an eine bürgerlich-liberale Erwachsenenbildung zu denken, die in der postulierten „Bildung für alle" das Prinzip der Neutralität mit auf den Plan rief. Dagegen pflegte eine konfessionell gebundene, vorwiegend katholische Richtung ein religiöses, gerade nicht neutrales Bildungsverständnis, das vor allem in bäuerlich-ländlichen Gebieten, aber auch im urbanen Raum Einfluss gewann. Politische Argumente gegen die bürgerlich-liberale Neutralität erhob die Arbeiterklasse, in deren marxistischer Gesellschaftstheorie Bildung zu einem Kampfbegriff für die Gehalts- und Lohnabhängigen und gegen die Bourgeoisie avancierte.

Mit dem Entstehen der Arbeiterbewegung kam ein neuer politischer Faktor ins Spiel: Die „soziale Frage" fand ihren Ausdruck im Wunsch nach Umsturz und Veränderung der sozialen Verhältnisse, aber auch im Wunsch, an der allgemeinen Bildung Anteil zu bekommen. Es war ein Bildungsstreben, das sich zunächst an dem Schlagwort „Wissen ist Macht" orientierte. Die Einsicht, gesellschaftliche Verhältnisse ändern zu müssen, um bessere Lernbedingungen zu erreichen, führte zu dem von Karl Liebknecht in der zweiten Hälfte des 19. Jahrhunderts geprägten Ausspruch „Macht ist Wissen".

Im Revolutionsjahr 1848 wurde der Erste Allgemeine Arbeiterverein gegründet, nach Niederschlagung der Revolution im selben Jahr aber wieder aufgelöst. Über Bildung, die vom Bürgertum und vom Adel gefördert wurde, sollten auch die durch sozialistische Ideen „gefährdeten“ Arbeiter integriert werden. Es ging nicht nur darum, ihre soziale Situation zu verbessern und somit eine Antwort auf die „soziale Frage“ zu finden, sondern Bildung sollte die Arbeiter von den sozialistischen Revolutionsgedanken ablenken und fernhalten, indem sie einen sozialen Aufstieg ermöglichte. Quer zu den bürgerlich-liberalen, konfessionell-katholischen, ländlich-bäuerlichen und arbeiterklasseorientierten Richtungen zeigten sich im 19. Jahrhundert schon Ansätze einer beruflich-qualifikatorischen Ausrichtung, der zufolge Bildung auf berufliche Verwert- und Brauchbarkeit zielt. Eine große Bedeutung für die Weiterbildung kommt dabei der Gründung der Wiener Handelskammer im Revolutionsjahr 1848 zu, die im Rahmen der Gewerbeförderung neben wirtschaftspolitischen Maßnahmen auch Schulungen auf technisch-kaufmännischem Gebiet, die Durchführung von Ausstellungen, die Entsendung junger Gewerbetreibender zu Studienzwecken ins Ausland sowie den Aufbau einer Bibliothek vorantrieb (Gruber, 1997).

Nachdem in der zweiten Hälfte des 19. Jahrhunderts die Industrialisierung die Habsburger-Monarchie erreicht hatte, ein wirtschaftlicher Aufschwung einsetzte und liberale Ideen politischen Einfluss gewannen, kam wieder Bewegung in die Bildungslandschaft. Für die Volksbildung wurde der 15. November 1867 ein wichtiges Datum. Damals trat ein neues Vereins- und Versammlungsrecht in Kraft, das zur Basis für die Organisation der Erwachsenenbildung wurde. Die heutige Struktur der österreichischen Erwachsenenbildung wurde in diesem Zeitraum begründet. So konnte sich noch im selben Jahr der „Wiener Arbeiterverein“ konstituieren. Gemeinnützige Vereine mit volksbildnerischer Tätigkeit, wie etwa in der Steiermark, in Oberösterreich und Niederösterreich, übernahmen nach ihrer Gründung die Bildungsarbeit.

Um die Wende zum 20. Jahrhundert kam es zur Gründung der ersten Institutionen, die den heutigen Volkshochschulen entsprechen. In der Hauptstadt Wien, dem zentralen Ballungsraum für die Entstehung der modernen Erwachsenenbildung, entstand in eineinhalb Jahrzehnten eine bemerkenswerte Anbieterstruktur, allen voran innerhalb der bürgerlich-liberalen Richtung. Konstituierend für diese Entwicklung sind zum einen der 1887 gegründete Wiener Volksbildungsverein und zum anderen die Volkstümlichen Universitätsvorträge (VUV), die 1895 in Anlehnung an die University Extension (1873 in Cambridge gegründet) an der Universität Wien ins Leben gerufen und später auch auf andere österreichische Universitäten ausgedehnt wurden. Bei beinahe sämtlichen bürgerlich-liberalen Institutionalisierungen begegnet man dem Historiker Ludo Moritz Hartmann (1864–1924), dessen Verdienste für die österreichische Erwachsenenbildung nicht hoch genug einzuschätzen sind, zumal sein vielseitiges Engagement nebenberuflich und ehrenamtlich erfolgte (Filla, 2014).

Was die erwähnte Anbieterstruktur betrifft, sind hier in chronologischer Reihenfolge zu nennen:

- Der Wiener Volksbildungsverein, 1887 noch als Zweigverein des Niederösterreichischen Volksbildungsvereins (1885) gegründet und ab 1893 eigenständiger Verein, gilt als erste österreichische Volkshochschule. Das eingeführte Kurssystem samt sozialstatistischer Erfassung der Teilnehmenden sowie die zweigliedrige Angebotsform aus Vorträgen und Bibliotheken sind dabei als Besonderheiten des Wiener Volksbildungsvereins hervorzuheben.
- Die 1897 gegründete Urania entstand in einem internationalen Ideenzusammenhang und einem großbürgerlichen Gründermilieu. Mit der Sternwarte, einem Planetarium und dem Urania-Film stellte sie ein unvergleichbar breites Angebot zur Verfügung. Das 1910 eröffnete und kürzlich generalsanierte Vereinsgebäude am Donaukanal zählt heute zu den Sehenswürdigkeiten Wiens.
- Das beinahe in Vergessenheit geratene „Athenäum" wurde 1900 als „Verein für Abhaltung von wissenschaftlichen Lehrkursen für Frauen und Mädchen" gegründet und veranstaltete kostenpflichtige Kurse auf einem bemerkenswert hohen Niveau. Mit dem Selbstverständnis als Frauenhochschule reagierte man auch auf das Hochschulverbot für Frauen.
- Schließlich ist hier das Volksheim Ottakring zu nennen, das auf eine Initiative von Teilnehmenden eines Volkstümlichen Universitätsvortrags zurück ging und 1901 geschaffen wurde. Rückblickend erstaunt die einzigartige Struktur der Fachgruppen. Dabei handelte es sich um halbautonome, organisatorisch selbstverwaltete Interessengruppen mit einer erwähnenswerten Vielfalt an Themen, Methoden und infrastrukturellen Möglichkeiten.

In diese auffallend aktive Zeit fallen auch die Gründungen erster Verbände bzw. Gewerbeförderinstitute zur Systematisierung beruflicher Qualifizierung. Die Arbeiterbildung dagegen sollte ihren Höhepunkt aufgrund interner Grabenkämpfe erst 1926 mit der Gründung der Arbeiterhochschule erleben.

Der Erste Weltkrieg brachte einen gravierenden politischen Einschnitt. An seinem Ende entstand die Republik Deutsch-Österreich, die ab 1919 Österreich genannt wurde. Die staatliche Förderung der Volksbildung erfolgte durch den Unterstaatssekretär Otto Glöckel, der in allen Bundesländern sogenannte „staatliche Volksbildungsreferenten" und ein zentrales Volksbildungsamt (die heutige Abteilung Erwachsenenbildung im Bundesministerium für Bildung und Frauen, BMBF) etablierte. Eine verfassungsrechtliche Regelung der Erwachsenenbildung blieb aber, im Gegensatz zur Verfassung der Weimarer Republik, in Österreich aus. Trotz (oder wegen) der fehlenden staatlichen Kompetenzaufteilung brachte die Zwischenkriegszeit eine Hochphase der Wiener Volkshochschulen, die Gründung von bäuerlich-katholischen Bildungshäusern und die beginnende Etablierung des zweiten Bildungsweges (Filla, 2014). Mit dem autoritären Ständestaat wurde jedoch ab 1934 die Entwicklung der Volksbildung eingeschränkt. Teilweise war sie bereits von Nationalsozialisten unterwandert, als 1938 der „Anschluss" an Hitler-Deutschland vollzogen wurde. Eine beispiellose Vertreibungs- und „Säuberungswelle" fand statt, die die bekannte österreichische Historikerin Erika Weinzierl treffend als „Vertreibung des Geistigen aus Österreich" bezeichnete. Diese hatte Folgen bis weit in die Nachkriegszeit. Umgehend wurden Institutionen der Volks- und Erwachsenenbildung geschlossen oder „arisiert", der Organisation „Kraft durch Freude" unterstellt und somit zu einem Teil des „Deutschen Volksbildungswerkes" gemacht. Einrichtungen der beruflichen Fortbildung wurden in die „Deutsche Arbeitsfront" eingegliedert. Die bestehenden Einrichtungen wurden zu einem Instrument der nationalsozialistischen Herrschaft und Ideologie, wobei sich die Wiener Volkshochschulen auffallend bereitwillig instrumentalisieren ließen (Ganglbauer, Stifter, & Streibel, 2010).

Der Wiederaufbau Österreichs, die Gründung der Zweiten Republik brachten einen Neubeginn der Volksbildung mit sich, wobei gewisse Ideologieelemente des Austrofaschismus über 1945 hinaus nachwirkten. Personelle Kontinuitäten aus der nationalsozialistischen Zeit dürfte es zumindest auf Leitungsebene der Einrichtungen nach derzeitigem Forschungsstand eher wenige gegeben haben (Filla, 2014). 1945 war Österreich ein Land, das in vier Besatzungszonen aufgeteilt war. Im Gegensatz zur Entwicklung in Deutschland spielte die *re-education* der Alliierten in Österreich, wo man eine *re-orientation* für ausreichend hielt, keine tragende Rolle für die Erwachsenenbildung. Erst zehn Jahre später, im Jahre 1955, erlangte Österreich seine staatliche Souveränität wieder. Schon zuvor und kurz danach kam es in den ersten Nachkriegsjahren zur Gründung zahlreicher Verbände und Einrichtungen, die sich der Erwachsenenbildung annahmen. So konstituierte sich beispielsweise die Arbeitsgemeinschaft Österreichischer Bildungsheime und der Verband der Österreichischen Bildungswerke. Auch die Gründung der zwei heute größten, den Sozialpartnern zuzurechnenden Institute der beruflichen Weiterbildung – das Wirtschaftsförderungsinstitut (WIFI) und das Berufsförderungsinstitut (bfi) – geht in diese Zeit zurück.

Insgesamt lässt sich bis in die 1970er Jahre von einer Konsolidierungsphase der Erwachsenenbildung in Österreich sprechen, in der es zu einer Ausweitung der Aktivitäten, zu Qualifizierungsmaßnahmen und zu einer beginnenden Erwachsenenbildungspolitik kam. Mit der ökonomischen und sozialen Entwicklung, mit der Veränderung der Freizeit und den Qualifikationserwartungen der Wirtschaft nahm die Bedeutung der Erwachsenenbildung zu. Bildung, die das Humankapital förderte, war zu einem ökonomischen Faktor geworden. Die internationale Entwicklung, die einen Trend zur Betonung des Lebenslangen Lernens signalisierte, gewann in Österreich Einfluss. Zweifellos hatten auch die Gutachten des Deutschen Ausschusses für das Erziehungs- und Bildungswesen „Zur Situation und Aufgabe der deutschen Erwachsenenbildung" von 1960, der „Strukturplan" des Deutschen Bildungsrates von 1970 sowie der „Bildungsgesamtplan" der Bund-Länder-Kommission von 1973 ihre Wirkung auf die Diskussion in Österreich. Ende der 1960er und Anfang der 1970er Jahre reagierte der österreichische Gesetzgeber mit dem Arbeitsmarktförderungsgesetz (1968) und dem Förderungsgesetz der Erwachsenenbildung und des Volksbüchereiwesens (1973) auf die neu entstandenen Anforderungen an die Erwachsenenbildung. War bislang die Szene noch von den Nachfolgeinstitutionen der traditionellen Volksbildung dominiert gewesen, so begann sich nun das Bild zu ändern. Neben der traditionellen Bildungsarbeit etablierten sich mehr und mehr Anbieter, die speziellen Bedarf der Fortbildung, beispielsweise Sprachen, Betriebsberatung, Kommunikationstraining erfüllten. Mit der schrittweisen Etablierung eines Weiterbildungsmarktes ab den 1980er Jahren stieg somit die Vielfalt und Heterogenität, aber auch die Konkurrenz um Teilnehmende, Fördernde und Auftraggeber.

Man kann die Fülle an Entwicklungen seit den 1970er Jahren, die zeitlich nicht zufällig mit dem politischen Aufstieg der SPÖ unter Bruno Kreisky zusammenfielen, als Ausweitungs- und Differenzierungsphase der Erwachsenenbildung bezeichnen (Filla, 2014). Neben dem genannten Förderungsgesetz 1973 mit seinem bewusst weit gefassten Verständnis von Erwachsenenbildung seien hier lediglich exemplarisch für diese Phase genannt:

- die Gründung der „Konferenz der Erwachsenenbildung Österreich" (KEBÖ) 1972, einer Plattform von damals sieben, heute zehn Verbänden auf Initiative von Verbänden und der Abteilung Erwachsenenbildung des Bundesministeriums für Unterricht und Kunst;
- die Gründung der „Österreichischen Gesellschaft für Politische Bildung" (ÖGPB) 1977;
- die Aktion „Stellenlose Lehrer in der Erwachsenenbildung" 1984 zur Finanzierung von 250 überwiegend akademisch ausgebildeten Personen in der Erwachsenenbildung, die insgesamt einen deutlichen Professionalisierungsschub mit sich brachte.

Im selben Jahr erhöhte der Bund die Subventionen für Erwachsenenbildungseinrichtungen von 47,3 auf 72,1 Millionen Schilling (umgerechnet etwa 3,44 bzw. 5,24 Millionen Euro). Öffentlichkeitswirksam waren daneben auch verschiedene Werbe- und Plakataktionen des Bundesministeriums für Unterricht und Kunst.

Zwei der wesentlichen Folgen der Ausweitungs- und Differenzierungsphase waren die tendenzielle Einbettung der Erwachsenenbildung in einen bildungspolitischen Gesamtkontext und die zunehmende Schaffung eines Profils dessen, was man unter Erwachsenenbildung in Österreich zu verstehen hat. Beide Momente sind nicht unabhängig voneinander zu sehen, die Vergesellschaftung von Bildung verläuft unter Bedingungen, die sowohl der bildungspolitischen Steuerung als auch der Erwachsenenbildung selbst dienen können. Reibungsflächen, Kurskorrekturen und Konfliktpotenziale zeugen dabei von einschneidenden Veränderungen. Dass diese nicht nur zu begrüßen sind, liegt auf der Hand; gerade politische und kritische Elemente innerhalb der Erwachsenenbildung führen zunehmend ein Nischendasein. Insgesamt kann jedoch durchaus positiv davon gesprochen werden, dass die Erwachsenenbildung in Österreich im letzten Jahrzehnt in eine bis dato nicht da gewesene Professionsphase eingetreten ist. Der Beitritt Österreichs zur Europäischen Union 1995 spielt dabei eine noch wenig erforschte dynamische Rolle. Deutliche Spuren dieser Phasen sind der bundesweite Qualitätsrahmen Ö-Cert, die Weiterbildungsakademie (wba), die Leistungsvereinbarungen zwischen KEBÖ und Bund und die Initiative Erwachsenenbildung, auf die allesamt noch näher eingegangen wird. Zentral für diese „Spuren" der Professionalisierung ist der Aufbau einer erwachsenenbildnerisch-spezifischen Kompetenz, sowohl im personellen Bereich als auch auf strukturell-organisationaler Ebene. Im Sinne einer flächendeckenden Profilgewinnung und Finanzierungssicherheit der Erwachsenenbildung und eben auch im Sinne einer bildungspolitisch evidenzbasierten Steuerungslogik soll mit dem Aufbau dieser Kompetenz ein möglichst hoher Grad an Transparenz verknüpft werden.

Wie erwähnt, gibt es in Österreich keine gesetzlich definierte Verpflichtung des Staates, Erwachsenenbildung zu finanzieren, sondern nur die gesetzlich bekundete Bereitschaft, sie zu fördern. In diesem ordnungspolitisch ungeregelten Raum entfaltete sich in den letzten drei Jahrzehnten eine schwer überschaubare Vielfalt an Einrichtungen und Trägern, die teils aus unterschiedlichen Quellen finanziert (Staat, Kirchen, Gewerkschaften, Kammern, Bundesländer, Gemeinden, Europäische Union etc.), teils aber auch völlig privatwirtschaftlich organisiert Bildungsangebote für Erwachsene bereitstellen. Es muss in Zukunft also auch darüber diskutiert werden, wie sich der zunehmend geregelte und auch in dieser Publikation dominante Teil der Erwachsenenbildung zu jenem ungeregelten Raum verhält.

3.3 Begriffsverwendung

Die hier in Kürze dargestellte historische Entwicklung der österreichischen Erwachsenenbildung hat in der Verwendung unterschiedlicher Begriffe, die das Lernen Erwachsener nach einer ersten schulischen und beruflichen Bildungsphase beschreiben, Ausdruck gefunden. Die jeweils dominierenden Begriffe repräsentieren Konzepte und inhaltliche Schwerpunkte, weshalb es stets auch um mehr als bloß nomenklatorische „Spielereien" geht. Dass es bis heute keine einheitliche und verbindliche Terminologie gibt, spricht nicht gegen, sondern gerade für einen lebendigen Diskussionsprozess. Im österreichischen Sprachgebrauch gibt es zurzeit eine Vielfalt der Begriffe. Die Begriffe „Erwachsenenbildung", „Fortbildung", „Weiterbildung" – will man nicht ausdrücklich eine jeweils unterschiedliche konzeptionelle Bedeutung hervorheben – werden synonym verwendet. Allerdings geht mit dem Begriffswandel auch ein Verlust des bislang an Bildung, besonders an Volksbildung und Erwachsenenbildung, gekoppelten emanzipatorischen Anspruchs vor sich. Inzwischen haben sich aber, die Vielfalt der Erwachsenenbildung widerspiegelnd, noch weitere Begriffe etabliert. Besonders privatwirtschaftlich organisierte Unternehmen der Weiterbildung verwenden zu ihrer Abgrenzung gern den Begriff „Training“. Ihre Adressaten nennen sie „Trainees“, ihre Lehrenden „Trainerinnen“ bzw. „Trainer“. Die Angebote liegen in der berufsorientierten Weiterbildung besonders in den Bereichen Führungskräftetraining, Präsentationstechniken, Moderation, Persönlichkeits- oder Teamentwicklung. Zusätzlich sind hier Organisationsberatung und Aktivitäten lernender Organisationen zu nennen.

In der folgenden Übersicht drücken sich der Wandel und die zunehmende Internationalisierung der österreichischen Erwachsenenbildung aus.

Volksbildung

Für die überwiegende Zeit der österreichischen Erwachsenenbildung war Volksbildung der entscheidende Begriff. Von staatlicher Seite wurde er 1919 offiziell im „Regulativ für die Organisation des Volksbildungswesens“ genannt, bei der Errichtung eines „Volksbildungsamtes“ im Unterrichtsressort sowie bei den damals neu gegründeten Dienststellen des Bundes „Bundesstaatliche Volksbildungsreferenten“, die in allen Bundesländern mit Ausnahme von Wien und Vorarlberg eingerichtet worden waren. Treibende Kraft für diese Innovationen war der damalige Unterstaatssekretär für Unterricht, Otto Glöckel (1874–1935). Unmittelbar nach dem Zweiten Weltkrieg wurde in Wien ein Amt für Kultur und Volksbildung, eingerichtet. In der offiziellen Terminologie büßte „Volksbildung“ erst Anfang der 1970er Jahre gegenüber dem Begriff „Erwachsenenbildung“ an Bedeutung ein. Heute wird Volksbildung – von einzelnen Ausnahmen abgesehen – überwiegend nostalgisch in Diskussionen eingesetzt, um an eine Tradition zu erinnern, die das Volk als Gegensatz zu den Herrschenden und Reichen sehen will, oder um das demokratische Moment zu betonen, das in den letzten Jahren über den Begriff „Partizipation“ wieder deutlicher akzentuiert wird (man denke an das Konzept der *Community Education*). Gleichzeitig hing zunächst der Schatten des nationalsozialistischen Biologismus am Begriff, später auch jener der Kleingeisterei, die als Gegenpol zum universalistischen Anspruch des kosmopolitischen Bildungsgedankens schlichtweg atavistische Züge annahm. Man muss aber auch registrieren, dass bis zur Mitte des 19. Jahrhunderts Volksbildung Kinder, Jugendliche und Erwachsene umfasste. Besonders ab dann und mit der immer stärkeren Institutionalisierung von Schule treten die Erwachsenen als eigene Adressatengruppe hervor. Mit dem Bezug von Volksbildung auf Erwachsene kristallisierte sich auch der Begriff der Arbeiterbildung heraus, der aber – nicht nur wegen seiner weiten Bedeutung – kaum mehr in Verwendung ist. Er hat sich in gewerkschaftliche Bildungsarbeit, betriebliche, innerbetriebliche oder berufsorientierte Fortbildung aufgelöst und damit sein politisches Potenzial weitgehend verloren.

Erwachsenenbildung

Im deutschen Sprachraum kommt der Begriff „Erwachsenenbildung“ durch die Übersetzung von *adult education* ab 1920 immer mehr in Gebrauch. Für die österreichische Erwachsenenbildung erfolgt die dominante Stellung des Begriffs, wie bereits erwähnt, erst später. Markante terminologische Einschnitte bringt der 1972 erfolgte Zusammenschluss der zehn wichtigsten Verbände zur Konferenz der Erwachsenenbildung Österreichs (KEBÖ) mit sich. Ein anderes Beispiel ist die 1973 gesetzlich verankerte staatliche Förderung, die als Bundesgesetz über die Förderung der Erwachsenenbildung und des Volksbüchereiwesens (Bundeskanzleramt Rechtsinformationssystem, 2013) festgelegt wird. Darin wird in § 1, Abs. 2 der Gegenstand der Förderung definiert als „Einrichtungen und Tätigkeiten, die im Sinne einer ständigen Weiterbildung die Aneignung von Kenntnissen und Fertigkeiten sowie die Fähigkeit und Bereitschaft zu verantwortungsbewusstem Urteilen und Handeln und die Entfaltung der persönlichen Anlagen zum Ziele haben“. In weiterer Folge wird mittels eines Positivkatalogs und eines Negativkatalogs der Gegenstandsbereich präzisiert – berufliche Weiterbildung bereits dezidiert eingeschlossen, innerbetriebliche Berufs- und Fortbildung dagegen ausgeschlossen. Schritte zur Professionalisierung wurden eingeleitet, indem geeignete Mitarbeitende eingesetzt worden sind. Auch wird hier die Niedrigschwelligkeit des Angebots genannt. Da Erwachsenenbildung zudem „im Sinne einer ständigen Weiterbildung“ verstanden wird, erscheint die synonyme Verwendung der Begriffe Erwachsenenbildung und Weiterbildung von diesem Standpunkt aus gerechtfertigt (Gruber, Maschinda, & Schlager, 2012).

Im Vergleich zu dieser stark allgemein gehaltenen Konzeption hat sich in den letzten Jahren eine präzisere Definition von Erwachsenenbildung in den bildungspolitischen Dokumenten durchgesetzt. In der Vereinbarung gemäß Art. 15a Bundesverfassungsgesetz (B-VG) zwischen dem Bund und den Ländern über die Anerkennung des Ö-Cert – kurz „15a-Vereinbarung“ zum Ö-Cert – heißt es etwa (ebd.):

> Die Erwachsenenbildung (synonym: Weiterbildung) umfasst alle Formen des formalen, nicht-formalen und zielgerichteten informellen Lernens durch Erwachsene nach Beendigung einer unterschiedlich ausgedehnten ersten Bildungsphase unabhängig von dem in diesem Prozess erreichten Niveau. Erwachsenenbildung/Weiterbildung umfasst alle beruflichen, allgemeinbildenden, politischen und kulturellen Lehr- und Lernprozesse für Erwachsene, die im öffentlichen, privaten und wirtschaftlichen Kontext von anderen und/oder selbst gesteuert werden. Erwachsenenbildnerisches Handeln basiert auf bildungspolitischen Strategien und gesellschaftlicher Verantwortung, Organisationsstrukturen sowie rechtlichen und finanziellen Grundlagen.

Auffallend neu und dominant in dieser Definition ist der Begriff „Lernen“, der sowohl in seinen formalen als auch in seinen inhaltsbezogenen Dimensionen aufgenommen wird. Hier spiegeln sich schon deutlich die Impulse aus der jüngsten Diskussion um das

Konzept des *Lifelong Learning* im Kontext supranationaler Organisationen wie der EU und der OECD wider.

Weiterbildung

Während der Begriff „Erwachsenenbildung" in Österreich gerade offiziell Fuß gefasst hatte, wurde durch den Deutschen Bildungsrat (1970) ein neuer Begriff, nämlich „Weiterbildung", propagiert. Die Definition lautete:

> Weiterbildung als Fortsetzung oder Wiederaufnahme früheren organisierten Lernens bildet mit vorschulischen und schulischen Lernprozessen ein zusammenhängendes Ganzes. Weiterbildung umfasst Fortbildung, Umschulung und Erwachsenenbildung. Sie ergänzt die herkömmlichen geschlossenen Bildungsgänge und setzt sie unter nachschulischen Bedingungen fort (Deutscher Bildungsrat, 1970, S. 51).

Dieser Begriff gewann schnell an Gewicht und die damit eingeleitete „realistische Wende" wurde auch in Österreich wirksam. Allerdings unter anderen Voraussetzungen, da hierzulande die allgemeine und die berufsorientierte Weiterbildung institutionell deutlicher getrennt sind als in Deutschland. Wenn dennoch hierzulande – wie auch in dieser Publikation – der synonyme Gebrauch von Weiterbildung und Erwachsenenbildung wie erwähnt üblich ist, so ist dieser Usus durchaus problematisch. Trotz aufweichender Grenzen (Schneeberger, 2007) unterscheiden sich die Begriffe hinsichtlich ihres Bedeutungsgehalts doch dahingehend, dass der Weiterbildungsbegriff auf die durative Dimension der Bildungstätigkeit, nicht auf deren Subjekt, fokussiert, und dabei im Sinne einer pragmatisch-beruflichen Perspektive „auf die normative Aufladung des Erwachsenenbildungsbegriffs" (Gnahs, 2008) verzichtet. Zumindest in der Abgrenzung zur Erstausbildung finden die beiden Begriffe dasselbe Fundament.

Lebenslanges Lernen

Ein eigener Impuls für die Begriffsverwendung entstand durch die internationalen Bemühungen um das Lebenslange Lernen. Erste Anregungen durch UNESCO und OECD Ende der 1960er Jahre hatten bereits den Begriff des *Lifelong Learning* eingeführt und dabei zwei wesentliche Diskurslinien zusammengeführt: einerseits den bildungsökonomischen bzw. humankapitalistischen Diskurs der 1970er und 1980er Jahre, der Wissen als Produktionsfaktor und Lernen als Investitionsleistung betrachtete; andererseits den demokratisch-humanistischen Diskurs, der im Sinne des Faure-Berichts (1972) auch die auf Mündigkeit und Partizipation zielenden Aspekte des Lernbegriffs berücksichtigte. Gesellschaftliche Rahmenbedingungen der Diskussion waren der Sputnik-Schock und das Ende des „Wirtschaftswunders", also ein grundlegendes Krisenszenario, das bildungspolitische Maßnahmen auf den Plan rief. Es verwundert daher wenig, dass in der

Umbruchphase der 1990er Jahre der Begriff Lebenslanges Lernen erneut in das Rampenlicht gehoben wurde, diesmal jedoch mit einer unverkennbar deutlichen Dominanz des Wettbewerbs- und Beschäftigungsaspektes (Pongratz, 2008). Für die Erwachsenenbildung in Österreich verband sich mit dem Bedeutungsgewinn des Begriffs die Hoffnung, als Teil dieses „Programms" eine bildungspolitische und öffentliche Aufwertung zu erfahren. Mit der 2011 veröffentlichten „Strategie zum lebensbegleitenden Lernen in Österreich" (LLL:2020, Republik Österreich, 2011) kann durchaus von einer Aufwertung der Erwachsenenbildung als Teilsegment des kontinuierlichen Lernprozesses gesprochen werden. Unverkennbar ist aber auch, dass die Entgrenzung des Lernbegriffs zu Veränderungsprozessen innerhalb von Erwachsenenbildungseinrichtungen führt. Deren Angebote müssen mit den flexiblen, pluralen Lernformen Schritt halten, sich dabei aber keineswegs wie häufig befürchtet auf die ökonomische Komponente des Lebenslangen Lernens – die lediglich eine unter mehreren darstellt (Lenz, 2004) – beschränken.

Formales, non-formales, informelles Lernen

Mit der Internationalisierung der Erwachsenenbildung setzen sich auch immer stärker die englischen Denominationen des *formal*, *non-formal* und *informal learning* durch – wie an den Definitionen des *Adult Education Surveys* 2011/12 abzulesen ist (Tab. 2).

formale Bildung	Formale Bildung bezeichnet Bildung im regulären Schul- oder Hochschulwesen als Schülerinnen bzw. Schüler, Studierende oder Lehrlinge. Das reguläre Schul- oder Hochschulwesen bildet in der Regel eine zusammenhängende „Leiter" von Vollzeitbildung für Kinder und Jugendliche bis ins Erwachsenenalter. Formale Bildung betrifft institutionalisierte Lernaktivitäten, die innerhalb eines Nationalen Qualifikationsrahmens positioniert sind bzw. die zu einer breiten Qualifikation oder zu staatlich anerkannten Qualifikationen (z.B. Lehrabschluss, Matura, Meisterprüfung, Universitätsdiplom) führen.
non-formale Bildung	Non-formale Bildung beinhaltet alle organisierten und nachhaltigen Lernaktivitäten, die in einem institutionalisierten Rahmen stattfinden, ausgenommen jene, die der obigen Definition von formaler Bildung entsprechen. Zu den non-formalen Bildungsaktivitäten gehören Weiterbildungsveranstaltungen wie Kurse, Vorträge, Privatunterricht, Fernunterricht, offenes Lernen, Seminare, Workshops oder Einzelschulungen am Arbeitsplatz. Diese Bildungsaktivitäten können sowohl aus beruflichen als auch aus privaten Motiven besucht werden. Die Palette dieser Weiterbildungsveranstaltungen ist sehr breit: Dazu gehören zum Beispiel ein Staplerführerschein, Sprachkurse, ein Verkaufstraining, aber auch Reitstunden, Kosmetikseminare oder Malkurse. Non-formale Bildung kann sowohl innerhalb als auch außerhalb von Bildungseinrichtungen stattfinden, Personen aller Altersgruppen ansprechen und von unterschiedlicher Dauer sein.
informelles Lernen	Informelles Lernen ist ein Prozess, mit dem bewusst und nicht nur beiläufig der Zweck verfolgt wird, zu lernen. Informelle Lernaktivitäten sind jedoch nicht institutionalisiert, weniger strukturiert und können fast überall stattfinden. Beispiele hierfür sind: Lernen von Familienangehörigen, Kolleginnen und Kollegen, vom Freundeskreis, Lesen von Büchern oder Fachzeitschriften, Lernen über Fernsehen, Radio oder Videofilme und Lernen mithilfe des Computers.

Tabelle 2: Begriffserläuterung formal – non-formal – informell (Statistik Austria, 2013, S. 15)

4. Rechtliche Grundlagen und Steuerung

Der heterogenen Anbieterstruktur der Erwachsenenbildung und der immer noch diffus gebrauchten Terminologie – oft als „Pluralismus" charakterisiert – entspricht, dass die Erwachsenenbildung in Österreich auf parzellierten, lose verankerten und eher unverbindlich gestützten rechtlichen Füßen steht. Kontinuierlich vorgetragene – und durchaus ernst gemeinte – Beteuerungen seitens der politischen Verantwortungsträger über den hohen gesellschaftlichen Stellenwert der Erwachsenenbildung haben bis dato zu keiner verfassungsrechtlich verankerten Regelung der Zuständigkeiten von Bund und Ländern geführt. Dies mag verwundern, wurde diese Regelung doch vor immerhin über 50 Jahren in der Schulverfassungsnovelle von 1962 auf einen späteren Zeitpunkt verschoben, für den aber selbst das Förderungsgesetz von 1973 offensichtlich noch zu früh kam. Die Gründe dafür sind vielfältig und sowohl im Selbstverständnis und der Struktur der Erwachsenenbildung zu suchen als auch in diversen politisch-ideologischen Gegensätzen (Bisovsky, 1991). In dieser verantwortungsoffenen Situation gibt es eine Fülle an Bundes- und Landesgesetzen, die die Erwachsenenbildung betreffen.[4] Erstere werden hier auszugsweise genannt. Rechtsvorschriften bilden eine wichtige Funktion zur Steuerung der Erwachsenenbildung, erfüllen aber nicht das gesamte Steuerungsspektrum. Weitere Steuerungsmechanismen finden sich am Ende des Kapitels.

4.1 Rechtliche Grundlagen

Die zentrale, für die Erwachsenenbildung relevante rechtliche Grundlage ist das *Gesetz über die Förderung der Erwachsenenbildung und des Volksbüchereiwesens* (1973, Novelle 2003). Das Bundesministerium für Bildung und Frauen orientiert seine Bezuschussung der Erwachsenenbildung an diesem Bundesgesetz, das am 21. März 1973 beschlossen wurde. Es war dies das erste Gesetz in Österreich für den Bereich Erwachsenenbildung. Der Staat verpflichtet sich hiermit, die Erwachsenenbildung zu fördern, ohne die Subventionshöhe festzulegen. Es handelt sich bei Fördergesetzen um „Selbstbindungsgesetze", die keine subjektiven Rechte der Rechtsunterworfenen begründen. Die Förderung erfolgt in zweierlei Hinsicht: erstens durch die Förderung von Verbänden und Einrichtungen und zweitens durch die Finanzierung staatlicher Einrichtungen.

4 Norbert Lachmayr zählt in einer Studie 38 Bundes- und 52 Landesgesetze auf, hinzu kommen vier rechtlich nicht bindende Verordnungen und das europäische Recht (Lachmayr 2009; zu den rechtlichen Grundlagen der EU vgl. Bechtel, Lattke, & Nuissl, 2005; Kap. 4).

In dem Gesetz werden als Gegenstand der Förderung und als förderungswürdige Aufgaben genannt:

- politische und sozial- und wirtschaftskundliche Bildung,
- berufliche Weiterbildung,
- Vermittlung der Erkenntnisse der Wissenschaften,
- Bildung als Hilfe zur Lebensbewältigung,
- sittliche und religiöse Bildung,
- musische Bildung,
- Nachholung, Fortführung und Erweiterung der Schulbildung,
- Führung von Volksbüchereien,
- Aus- und Fortbildung von Erwachsenenbildnern und Volksbibliothekaren,
- Bildungsinformation, Bildungsberatung und Bildungswerbung,
- Veröffentlichungen über die Erwachsenenbildung und das Volksbüchereiwesen,
- Errichtung und Erhaltung von wissenschaftlichen Instituten und Durchführung wissenschaftlicher Untersuchungen auf dem Gebiet der Erwachsenenbildung und des Volksbüchereiwesens.

In die Förderung nach den Bestimmungen dieses Bundesgesetzes sind nicht einzubeziehen:

- Pflege des Volksbrauchtums, soweit es sich nicht um Aufgaben auf gesamtösterreichischer Ebene oder um internationale Kontakte handelt,
- Unterrichtsveranstaltungen von Schulen im Sinne des Privatschulgesetzes,
- Veranstaltungen der Glaubensverkündigung im Rahmen des Kultus,
- Veranstaltungen, die der Mitgliederwerbung oder der parteipolitischen Werbung dienen, ferner Bildungsarbeit im Sinne des Bundesgesetzes vom 9. Juli 1972 (BGBl. Nr. 272) über die Förderung staatsbürgerlicher Bildungsarbeit im Bereich der politischen Parteien sowie der Publizistik,
- innerbetriebliche Berufsaus- und Berufsfortbildung.

Mit diesem Gesetz können alle Arten von Erwachsenenbildung – allgemeine, politische und berufsorientierte – gefördert werden sowie Institute, die der Aus- und Fortbildung von Erwachsenenbildnern und Volksbibliothekaren dienen. Ebenso kann die wissenschaftliche Bearbeitung des gesamten Themenspektrums gefördert werden. Zwei Punkte sind zudem erwähnenswert: Erstens verankert § 6 die „Unabhängigkeit der Förderungsempfänger hinsichtlich der Programm- und Lehrplangestaltung, der pädagogischen Methoden und der Auswahl der Mitarbeiter“, wodurch der Stellenwert von Autonomie in der Erwachsenenbildung explizit hervorgehoben wird. Dennoch werden unter § 5 die fachliche Qualifizierung der Mitarbeitenden und der Einsatz adäquater Methoden genauso wie Freiwilligkeit und (nur in Bezug auf Vorkenntnisse einzuschränkende) Niedrigschwelligkeit als Förderkriterien genannt. Neben einer strukturellen Gliederung des Feldes durch den Positiv- und Negativkatalog findet somit auch eine finanzierungsbasierte Steuerung mittels einer ansatzweisen Profilierung statt: Wer als Weiterbildungseinrichtung Teil des subventionierten Feldes sein will, muss bestimmte Kriterien erfüllen. Zweitens wird in § 8 (2) die Förderung an Kontrollmechanismen gebunden, die Ansätze eines Monitorings („Besichtigungen an Ort und Stelle und die Prüfung der Verwirklichung des Vorhabens durch Organe des Bundes“) und einer Evaluation („Vorlage von Nachweisen innerhalb vereinbarter Frist“) aufweisen, und damit spätere evidenzbasierte Steuerungsformen – wie gesagt ansatzweise – vorzeichnen.

Weitere, für die Erwachsenenbildung relevante Gesetze werden im Folgenden chronologisch und als Liste angeführt:

- *Handelskammergesetz (1946/1991)*
  Es bietet die Basis für die Einrichtung von Handelskammern. Bei diesen sind die Wirtschaftsförderungsinstitute der Kammern der gewerblichen Wirtschaft als Abteilungen eingerichtet.

- *Schulorganisationsgesetz (1962) und Teilrechtsfähigkeit (1997)*
  In diesem Gesetz werden die rechtlichen Grundlagen für alle schulischen Formen der Erwachsenenbildung angesprochen. Es geht um das Nachholen schulischer Bildungsabschlüsse. Besonders interessant ist das Nachholen der Matura über den zweiten Bildungsweg oder deren Ersatz durch eine Berufsreifeprüfung, da sie eine notwendige Voraussetzung ist, um in die Universität aufgenommen zu werden. Die Matura bringt aber auch im öffentlichen Dienst eine andere Einstufung und Bezahlung. Die Teilrechtsfähigkeit erlaubt unter anderem das Anbieten von Weiterbildung durch Schulen.

- *Arbeitsverfassungsgesetz (1974)*
  Mit dem Arbeitsverfassungsgesetz wird Betriebsräten das Recht zugesprochen, für eine Dauer von drei (in Ausnahmefällen bis zu fünf Wochen) Wochen unter Fortzahlung des Entgeltes an Schulungs- und Bildungsveranstaltungen teilzunehmen (§118).

- *Bundesgesetz über die Förderung politischer Bildungsarbeit und Publizistik (1984) (vormals Bundesgesetz über die Förderung staatsbürgerlicher Bildungsarbeit im Bereich der politischen Parteien sowie der Publizistik 1972)*
  In der Umbenennung des Gesetzes drückt sich der Wandel im Selbstverständnis von der staatsbürgerlichen zur politischen Bildung aus. Aufgrund des Gesetzes können sich die im Parlament vertretenen politischen Parteien Einrichtungen für

die Bildungsarbeit schaffen. Jede Partei mit mindestens fünf Abgeordneten kann um Förderung ansuchen. Die entsprechende Bildungseinrichtung ist als Verein oder Stiftung organisiert. Die Höhe der Finanzierung hängt, bis auf einen Sockelbetrag, von der Zahl der Abgeordneten ab. Die „Politischen Akademien" dienen den Parteien hauptsächlich als Serviceeinrichtungen. In ihrer Bildungs- und Schulungsarbeit beziehen sie sich im Wesentlichen auf ihre Funktionäre als Adressat/inn/en.

- *Studienberechtigungsgesetz (1985)*
  Dieses Gesetz eröffnet die Möglichkeit, die Studienberechtigung für ein bestimmtes Fach nachzuholen. Die Prüfung setzt die Vollendung des 22. Lebensjahres sowie eine erfolgreiche berufliche oder außerberufliche Vorbildung für die beabsichtigte Studienrichtung voraus.

- *Arbeitsvertragsrechts-Anpassungsgesetz (1993), Bildungskarenz/Bildungsteilzeit (2011)*
  Unter § 11 werden die Bildungskarenz und damit die Möglichkeit zur Weiterbildung für Arbeitnehmerinnen und Arbeitnehmer geregelt. Unter Wahrung der Interessen von Arbeitnehmer und Arbeitgeber und einer ununterbrochenen Dauer des Arbeitsverhältnisses von mindestens sechs Monaten kann eine Bildungskarenz von mindestens zwei Monaten und maximal einem Jahr in Anspruch genommen werden. Die Bildungskarenz kann dabei auch unter bestimmten Auflagen aufgeteilt und alle vier Jahre erneut beantragt werden. Die unter § 11a geregelte Bildungsteilzeit ermöglicht eine Weiterbildung der Arbeitnehmerin/des Arbeitnehmers bei gleichzeitiger Herabsetzung der Normalarbeitszeit um 25 bis 50 Prozent. Die Bildungsteilzeit darf vier Monate nicht unter- bzw. zwei Jahre nicht überschreiten und kann ebenfalls aufgeteilt werden. Der Entfall des Entgeltes wird bei beiden Varianten durch die Auszahlung eines Weiterbildungsgeldes in der Höhe des Arbeitslosengeldes kompensiert.[5]

- *Bundesgesetz über Fachhochschul-Studiengänge (1993)*
  Fachhochschul-Studiengänge dienen der wissenschaftlich fundierten Berufsausbildung. Sie sind praxisorientierter als Universitäts-Studien konzipiert. Voraussetzung zur Aufnahme ist die Matura oder eine einschlägige berufliche Qualifikation. Für die Weiterbildung interessant ist vor allem § 9, der es den Fachhochschulen gestat-

5 Die Zahl der Beziehenden von Bildungskarenz (zwischen Januar und April 2015: 9.700 Beziehende) und Bildungsteilzeit (Stand April 2015: 3.740 Beziehende) steigt kontinuierlich. Im Zeitraum von 2000 bis 2009, also noch vor der Reform, die einen erleichterten Zugang schaffen sollte, betrug der Anteil der Bildungskarenz dennoch nur 0,2 Prozent der gesamten EB/WB-Beteiligung, Personen ohne formale Abschlüsse und Ältere waren dabei besonders selten vertreten (Lassnigg, Gottwald, Hofer, Kuschei, & Zausinger, 2011).

tet „in den Fachrichtungen der bei ihnen akkreditierten Fachhochschul-Studiengänge auch Lehrgänge zur Weiterbildung anzubieten“.

- *Arbeitsmarktservicegesetz (1994) (vormals Arbeitsmarktförderungsgesetz)*
  Aufgrund der Veränderungen am Arbeitsmarkt soll es mithilfe dieses Gesetzes möglich sein, „zu einer nachhaltigen und dauerhaften Beschäftigung erforderliche Qualifizierungs- oder sonstige beschäftigungsfördernde Maßnahmen“ (§ 38a) zu finanzieren. Die Maßnahmen richten sich an Arbeitnehmer, die im Beruf stehen, und in den letzten Jahren zunehmend auch an Arbeitslose. Ein rechtlicher Anspruch auf eine derart geförderte Weiterbildung besteht allerdings nicht. Empfänger der Gelder sind Institutionen wie das Berufsförderungsinstitut, das Wirtschaftsförderungsinstitut, aber auch andere Weiterbildungseinrichtungen, die entsprechende Kursmaßnahmen anbieten. Mit dem Arbeitsmarktservicegesetz von 1994 wurde die Arbeitsmarktverwaltung aus dem Bundesministerium für Arbeit und Soziales ausgegliedert. Infolgedessen konstituierte sich das „Arbeitsmarktservice Österreich (AMS)“ als eigenes Dienstleistungsunternehmen. Es ist in Bundes-, Landes- und Regionalorganisationen gegliedert und bezieht Vertreter von Wirtschafts- und Arbeiterkammer sowie von Gewerkschaften und Industriellenvereinigung in die Geschäftsführung ein.

- *Berufsreifeprüfungsgesetz (1997)*
  Dadurch können die mit der Reifeprüfung einer höheren Schule verbundenen Berechtigungen erworben werden. Erwachsenenbildungsreinrichtungen greifen mit einschlägigen Angeboten in die Validierung formaler Qualifikationen ein.

- *Beitragsfreie pauschalierte Aufwandsentschädigungen für Lehrende an Erwachsenenbildungseinrichtungen (Verordnung 1999)*
  Diese Verordnung ermöglicht den staatlich anerkannten Einrichtungen der Erwachsenenbildung eine kostengünstige Beschäftigung ihrer Lehrenden. Die Aufwandsentschädigungen gelten bis zu einer Höhe von 537,78 Euro nicht als Entgelt im Sinne des § 49 Abs. 1 ASVG, sofern die Arbeit als Dienstnehmer/in nicht als Hauptberuf ausgeübt wird.

- *Bestimmung des Bundesinstituts für Erwachsenenbildung St. Wolfgang (Verordnung 2003)*
  Die Verordnung regelt Organisation und Aufgaben des Bildungshauses (Kap. 5.1).

- *Universitätsgesetz (2002)*
  Als eine Aufgabe der Universität ist festgelegt, insbesondere für die Fortbildung der Absolventinnen und Absolventen zu sorgen. Damit kommt es zu einer Stärkung der Universitäten als Weiterbildungsanbieter, die sowohl als Konkurrenten als auch als Kooperationspartner traditioneller Erwachsenenbildungseinrichtungen auftreten.

- *Bundesgesetz über die Universität für Weiterbildung (2004)*
  Die Donau-Universität Krems ist damit offiziell die 22. Universität Österreichs, spezialisiert auf postgraduale Weiterbildung. Daher gelten für die Donau-Universität Krems alle Regelungen des Universitätsgesetzes 2002, die auf den besonderen Wirkungsbereich „Außerordentliche Studien" oder „Weiterbildungsstudien" Anwendung finden. Personal- sowie laufender Sachaufwand und Investitionsaufwand ohne Ersteinrichtung werden vom Bund getragen, das Grundstück und die Außenanlagen stellt das Land Niederösterreich (per Landesgesetz geregelt).

- *Hochschulgesetz (2005)*
  Mit dem Hochschulgesetz ist es dem Rektorat gestattet, Räumlichkeiten für die Erwachsenenbildung und das Volksbüchereiwesen zur Verfügung zu stellen, (Hochschul-)Lehrgänge in pädagogischen Berufsfeldern sowie zur Fort- und Weiterbildung in pädagogischen Berufen zu organisieren und durchzuführen, sowie Vereinbarungen und Verträge, die der wissenschaftlich-berufsfeldbezogenen Forschung dienen, mit anderen Einrichtungen der Erwachsenenbildung abzuschließen.

- *Einkommenssteuergesetz (Änderung 2006)*
  2006 brachte ein Wartungserlass des Bundesministeriums für Finanzen eine Anpassung des Lohnsteuergesetzes für Lehrende an Einrichtungen der Erwachsenenbildung an den Gleichheitsgrundsatz. Diesem Erlass folgend sind Vortragende, Lehrende und Unterrichtende dann lohnsteuer- und sozialversicherungspflichtig, wenn die entsprechende „Tätigkeit im Rahmen eines von der Bildungseinrichtung vorgegebenen Studien-, Lehr- oder Stundenplanes" (§ 25, 5) ausgeführt wird.

- *Vereinbarung gemäß Art. 15a B-VG zwischen dem Bund und den Ländern über die Anerkennung des Qualitätsrahmens für die Erwachsenenbildung Ö-Cert (2011 in Kraft getreten; 2012 verlautbart)*
  Ziel dieser Vereinbarung ist es, die österreichweite Anerkennung von Qualitätsmanagementsystemen und Qualitätssicherungsverfahren in der Erwachsenenbildung zwischen den einzelnen Ländern sowie zwischen dem Bund und den Ländern sicherzustellen. Neben der Klärung der Befugnisse und Aufgaben der einzelnen operativen Ebenen spielen die unterschiedlichen Voraussetzungen für eine Akkre-

ditierung eine wesentliche Rolle. Damit wird auch erstmals eine terminologische Festlegung zur Erwachsenenbildung in einem österreichischen Rechtstext aufgenommen.

- *Bundesgesetz über den Erwerb des Pflichtschulabschlusses durch Jugendliche und Erwachsene (2012)*
  Dieses Bundesgesetz regelt den Erwerb des Pflichtschulabschlusses für Jugendliche und Erwachsene und berechtigt diese, einen bis dato nicht erfolgten Abschluss nachzuholen. Außerdem können nach erfolgreicher Ablegung der Prüfung weitere Teilprüfungen über Prüfungsgebiete im Hinblick auf einen weiterführenden Schulbesuch absolviert werden. Die Prüfungsgebiete umfassen die Gegenstände Deutsch, Englisch, Mathematik sowie zwei Wahlfächer und können auch in Teilprüfungen abgelegt werden. In § 8 wird außerdem die Abhaltung von Lehrgängen zur Vorbereitung auf den Pflichtschulabschluss durch Einrichtungen der Erwachsenenbildung, die dazu einen entsprechenden Antrag stellen müssen, geregelt.

- *Förderung von Bildungsmaßnahmen im Bereich Basisbildung sowie von Bildungsmaßnahmen zum Nachholen des Pflichtschulabschlusses für die Jahre 2015 bis 2017 (2015)*
  Diese Vereinbarung zwischen Bund und Ländern hat das Ziel, Jugendliche und Erwachsene ohne ausreichende Mindestqualifikation durch Lehrgänge im Bereich der Basisbildung sowie im Bereich des Pflichtschulabschlusses zu fördern. Die Teilnehmenden der beiden Förderprogramme sollen dabei von kostenfreien Kursmaßnahmen und qualitativ hochwertigen Angeboten in Erwachsenenbildungsinstitutionen profitieren, die österreichweit den gleichen Standards folgen. Die Gesamtkosten von 59,5 Millionen für drei Jahre übernehmen die Länder, der Bund und – im Förderbereich Basisbildung – der Europäische Sozialfonds (ESF). In die Vereinbarung aufgenommen wurde auch die „Initiative Erwachsenenbildung“, eine seit 2012 bestehende Kooperation der Länder und des BMBF, deren Kompetenzbereiche (Geschäftsstelle, Akkreditierungsgruppe, Steuerungsgruppe, Monitoring-Gruppe) in der Vereinbarung klar geregelt werden. EB-Einrichtungen können bei der Geschäftsstelle ein den Kriterien entsprechendes Bildungsangebot zur Akkreditierung einreichen, um bei erfolgreicher Akkreditierung durch die Akkreditierungsgruppe einen Förderantrag beim zuständigen Amt der Landesregierung zu stellen. Je nach regionaler Verteilung der Angebote, der Zielgruppenausgewogenheit und der Budgetverfügbarkeit wird dem Förderantrag stattgegeben oder nicht. Die geförderten Einrichtungen verpflichten sich zur regelmäßigen Datenpflege, zur Einhaltung von Publizitätsbestimmungen, zur Mitwirkung am Monitoring oder ggf. zur Nachakkreditierung bei wesentlichen Programmänderungen.

Wie wichtig eine rechtliche Basis auch im Hinblick auf Profilierung und Anerkennung der Erwachsenenbildung/Weiterbildung ist, ergibt sich alleine aus der notwendigen Abgrenzung gegenüber anderen Formen der selbsttitulierten Weiterbildung. Zu denken ist dabei etwa an den lukrativen Sektor der Esoterik (Gruber, Gnahs, & Ribolits, 2015). Hier fällt eine Vielfalt an unterschiedlichen Tätigkeiten der (praktischen) Vermittlung von Wissen und Kenntnissen in einen Bereich, der schlichtweg keine Berufsberechtigung und keine persönlichen wie sachlichen Kriterien voraussetzt, der sich aber dennoch im Gewande der Erwachsenenbildung/Weiterbildung etablieren kann.

4.2 Steuerung

Allgemein bedeutet „Steuerung" die „Kunst des Regierens". Traditionell werden darunter vor allem Interventionen von staatlicher Seite gefasst. Dabei bedient man sich klassischer Methoden wie rechtlicher Vorgaben und finanzieller Förderungen. Bildungspolitisches Gewicht erfahren diese Instrumente erst durch Bundes- und Ländereinrichtungen, die als Ansprechpartner, Koordinatoren, Fördergeber, Initiatoren u.Ä. fungieren. In Österreich sind dabei an erster Stelle die Abteilung II/5 des Bundesministeriums für Bildung und Frauen (BMBF) und das vom BMBF verwaltete Bundesinstitut für Erwachsenenbildung (bifeb) zu nennen. Steuerungselemente betreffen dabei offensichtliche Strategien wie jene der Förderung und des Programmmanagements, aber auch die zentrale Bereitstellung von Informationen über die Erwachsenenbildung in Österreich mittels der Informationsplattform *erwachsenenbildung.at* – ein wesentlicher Aspekt einer öffentlichkeitsorientierten und servicebezogenen Dienstleistung. Die Forcierung eines fachlichen wissenschaftlichen Diskurses durch das gleichnamige Magazin oder die Vergabe eines Staatspreises für Erwachsenenbildung wirken an der Steuerung der Erwachsenenbildung mit.

Die Steuerung über finanzielle Förderungen – die an anderer Stelle noch ausführlich erläutert wird – erfolgt des Weiteren über die Bundesministerien für Arbeit, Soziales und Konsumentenschutz (BMASK), Wissenschaft, Forschung und Wirtschaft (BMWFW), Land- und Forstwirtschaft, Umwelt und Wasserwirtschaft (BMLFUW), Familie und Jugend (BMFJ) und Gesundheit (BMG). Folgt man Schrader (2008), der die Erwachsenenbildung als ein Mehrebenensystem beschreibt, dann erfolgen Steuerungsimpulse auf allen Ebenen und durch verschiedene Akteure, etwa durch Interessensvertretungen, Berufs- und Trägerverbände, Religionsgemeinschaften, Zertifizierungsagenturen u.Ä.m.

Mit der stärkeren Internationalisierung, deren wesentlicher Anstoß der Beitritt Österreichs zur Europäischen Union im Jahr 1995 war, zeichnet sich eine neue Steuerungspolitik in der Erwachsenenbildung ab. Als Ursache dafür können im Wesentlichen zwei Gründe angeführt werden, die eng miteinander verbunden sind: zum einen die verstärkte Einbettung Österreichs in eine inter-, supra- und transnationale Bildungspolitik, deren Kernstück die EU-weite Programmatik des Lebenslangen Lernens bildet. Diese hat zweifellos wichtige Reformanstöße gebracht und eine seit Langem notwendige strukturelle Modernisierungsdynamik in der österreichischen Erwachsenenbildung ausgelöst. Zum anderen ist eine allgemeine Ökonomisierung der Gesellschaft zu beobachten, in der die betriebswirtschaftliche Sichtweise über die wohlfahrtsstaatliche und demokratiepolitische Ausrichtung wesentlicher gesellschaftlicher Bereiche – wie auch der Erwachsenenbildung – gestellt wird.

Damit verbunden ist eine neue Steuerungskultur, die nicht mehr auf direkte staatliche Interventionen (wobei diese Strategie im Unterschied zu Deutschland immer eine untergeordnete Rolle gespielt hat) setzt, sondern auf indirekte, auf Output gerichtete Faktoren von Lenkung und Leitung, auf Verhandlungen und vertragliche Bindungen der unterschiedlichen Akteure der Erwachsenenbildung. Elemente dieses Vorgehens, das unter der Bezeichnung *New Public Management* in den letzten Jahren Furore gemacht hat, finden sich etwa in den Leistungsvereinbarungen zwischen dem Bund und den KEBÖ-Verbänden oder dem Rahmenmodell für die Qualitätssicherung (Ö-Cert). Im Rahmen dieser transnationalen Governance wurde 2011 eine bundesweite „Strategie zum lebensbegleitenden Lernen in Österreich" (LLL:2020; Republik Österreich, 2011) verabschiedet. In diesem grundlegenden strategischen Papier werden – vertreten durch die entsprechenden Ministerien – erstmals unterschiedliche Politikfelder (Sozial-, Beschäftigungs-, Arbeitsmarkt-, Bildungs- und Wissenschaftspolitik) miteinander verknüpft, um eine gemeinsame Strategie des Lebenslangen Lernens umzusetzen. Die Strategie gibt in zehn Aktionslinien und acht Schlüsselkompetenzen die wichtigsten Eckpunkte vor, wie das Lernen über die gesamte Lebensspanne in Zukunft auf den unterschiedlichen Ebenen von Bund, Ländern und Sozialpartnern koordiniert werden soll.

Zu weiteren einschlägigen Maßnahmen auf nationalstaatlicher Ebene gehören:

- die Ausgestaltung gemeinsamer nationaler Referenzsysteme (NQR, Sprachen etc.);
- die Neuausrichtung der bundesstaatlichen Förderstrukturen durch Leistungsvereinbarungen des Bundes mit den KEBÖ-Verbänden;
- die Schaffung eines bundesweiten Rahmenmodells zur Qualitätssicherung (Ö-Cert);
- Anstrengungen zur Professionalisierung des Personals (wba) sowie
- die Forcierung von strategischen Themen- und Förderschwerpunkten wie Basisbildung und Nachholen des Pflichtschulabschlusses im Rahmen der Initiative Erwachsenenbildung.

Auch Expertisen spielen dabei eine wesentliche Rolle (Gruber, 2010), führen sie doch eine wissenschaftlich fundierte Sichtweise in den Steuerprozess ein. Den globalen Rahmen dafür geben vielfach internationale Vergleichsstudien (wie PIACC) ab.

Da sich die Erwachsenenbildung immer schon in einem „vorstaatlichen Feld“ (Bisovsky, 1991, S. 64) entwickelt hat, fällt der aktivierende, kooperative Modus der neuen Steuerungskultur hier auf besonders fruchtbaren Boden. Nicht zuletzt sind damit Hoffnungen auf eine stärkere bildungspolitische Anerkennung der Erwachsenenbildung verknüpft – bei immer auch gleichzeitiger Angst um hierarchische Bevormundung. Wo dem Staat die Rolle der Festlegung von Förder- und Qualitätskriterien und deren Kontrolle zukommt, dort kommt den Einrichtungen der Erwachsenenbildung die Aufgabe zu, ihre Angebote den Kriterien entsprechend anzupassen und Mechanismen zu implementieren, die einen positiven Ausgang der Kontrolle wahrscheinlich machen. Um sich zudem als Kooperationspartner auf Augenhöhe präsentieren zu können, ist es alleine schon aus diesem Grund sinnvoll, Voraussetzungen einer gelungenen Steuerung zu internalisieren, etwa durch die Bündelung heterogener Organe zu Interessenvertretern, die Forcierung von Qualitätsmanagementsystemen, eine verbindlichere Terminologie, die Professionalisierung des Personals oder allgemein durch eine unternehmerische Organisationsführung. Bei allen zweifellos positiven Effekten, die diese Innovationen mit sich bringen, ist doch auch an einer wachsamen Kritik festzuhalten, die in der Tendenz zu einer reibungslosen kooperativen Führung von Bildungseinrichtungen und bildungspolitischen Instanzen unter betriebswirtschaftlichen Gesichtspunkten die Möglichkeit schwinden sieht, sich genau an notwendigen Reibungsflächen zu profilieren, um Widerstandspotenzial in Form emanzipatorischer selbstbestimmter Bildungstätigkeit nicht vollends einebnen zu lassen.

5. Institutionen und Anbieterlandschaft

Die Erwachsenenbildung ist der quantitativ größte, vielfältigste und sich am stärksten wandelnde Bildungsbereich Österreichs. Die Entwicklung dieses heterogenen und teilweise unübersichtlichen Bildungsbereichs und seiner Institutionen geht auf unterschiedliche Ziele, Aufgaben, Interessen, Weltanschauungen und politische Überzeugungen zurück. Ein besonderes Kennzeichen war über lange Zeit die relativ strikte Aufgabentrennung bei den bundesweiten Verbänden. Sie sind entweder fast ausschließlich im allgemeinbildenden oder im berufsorientierten Bereich tätig. Heute wird diese Trennung oft nur mehr durch traditionell gewachsene institutionelle Strukturen und im Falle des Nachholens von Schulabschlüssen – durch rechtliche Absicherungen aufrechterhalten. Das individuelle Nutzerverhalten tritt immer stärker in den Vordergrund, die an Weiterbildung Interessierten fragen weniger nach abstrakten Kategorien wie Allgemeinbildung oder Berufsorientierung als vielmehr nach dem konkreten Nutzen der Weiterbildungsmaßnahme für Alltag und Beruf. Im Gegenzug bezeichnen sich viele große Weiterbildungsanbieter – wie z.B. das Berufsförderungsinstitut (BFI) und das Wirtschaftsförderungsinstitut (WIFI) – mittlerweile als „Vollanbieter". Damit bringen sie zum Ausdruck, dass sie eine große inhaltliche Bandbreite an berufsorientierter und allgemeiner Erwachsenenbildung anbieten. Darüber hinaus sind diese Anbieter mittlerweile auch in der beruflichen (Erst-)Ausbildung tätig.

Schwierigkeiten mit der veränderten Rollendefinition haben vor allem die sich bislang als explizit allgemeinbildend verstehenden Institutionen der Erwachsenenbildung, wie z.B. die konfessionelle Erwachsenenbildung oder die Österreichischen Bildungswerke und -häuser. Sie kritisieren, dass der Bezug beider Bereiche aufeinander weniger zu einer Annäherung als vielmehr zu einer Vereinnahmung der Allgemeinbildung durch die Berufsbildung führt, was letztlich eine Unterordnung aller Bildung unter die Verwertbarkeitsprämissen zur Folge hätte. Eng damit verbunden sind (durchaus nicht unbegründete) Ängste, dass die erhöhte bildungspolitische und wirtschaftliche Aufmerksamkeit und die daraus resultierende stärkere finanzielle Förderung viel eher dem beruflichen Bereich zugutekommen.

5.1 Anbieterlandschaft

Die Erwachsenenbildungslandschaft zeichnet sich durch eine Vielzahl an Organisationen, Institutionen und Anbietern aus. Diese agieren vielfach auf einem Weiterbildungsmarkt, der durch Angebot und Nachfrage – aber auch durch öffentliche Förderungen und bildungspolitische Vorgaben gesteuert wird. Die Tatsache, dass das Erwachsenenalter zunehmend zu einer dauerhaften Lernphase wird, wo Lernprozesse an unterschiedlichen Orten, in vielfältigen Kontexten und Settings sowie in verschiedenen Formen (formal, non-formal und informell) und mit diversen Zielsetzungen stattfinden, hat in den letzten zwei Jahrzehnten zu einem wesentlichen Ausbau und einer weiteren Ausdifferenzierung der Weiterbildungslandschaft geführt. Neben die öffentlichen und gemeinnützigen (anerkannten) Einrichtungen, von denen viele in der Konferenz der Erwachsenenbildung Österreichs (KEBÖ) organisiert sind, treten mittlerweile viele private und halböffentliche Institutionen sowie Einzelpersonenunternehmen (EPU), die ebenso der Erwachsenenbildung zugeordnet werden können. Bis dato gibt es dazu (noch) kein aussagekräftiges Datenmaterial. Es existiert kein Überblick, welche und vor allem wie viele Anbieter im Feld der Erwachsenenbildung tätig sind. Wesentliche Ursachen liegen in der Heterogenität des Bildungsbereichs sowie in der komplizierten Abgrenzungsproblematik. Je nach Definition und Schätzung wurden bisher österreichweit zwischen 1.800 und 3.000 Erwachsenenbildungsorganisationen ermittelt.

In den Jahren 2007 bis 2009 wurde im Rahmen des Projekts „Perspektiven der Erwachsenenbildung im Rahmen des Lebenslangen Lernens in der Steiermark" (PERLS) erstmals der Versuch unternommen, am Beispiel des Bundeslandes Steiermark die Vielfalt und Heterogenität der Erwachsenenbildung auf Landkarten darzustellen (Gruber, Brünner, & Huss, 2009). Für die Eingrenzung und Kategorisierung wurden in einem partizipativen Prozess von Wissenschaft, Praxis und Bildungspolitik eine Begriffsbestimmung sowie Grundvoraussetzungen, wann eine Einrichtung als der Erwachsenenbildung zugehörig gilt, vorgenommen. Dazu gehören:

- Zumindest ein regelmäßiges Angebot, das geplant und systematisch ist und öffentlich kommuniziert wird. Es herrscht so Angebotstransparenz.
- Erwachsenenbildung ist eine Kernaufgabe der Organisation.
- Die Organisation muss bereits seit mindestens drei Jahren, das heißt kontinuierlich, Erwachsenenbildungsmaßnahmen durchgeführt haben.
- Zumindest der Leiter oder die Leiterin oder ein hauptberuflicher Mitarbeitender muss über eine pädagogisch fundierte Aus- bzw. Weiterbildung sowie eine zweijährige einschlägige Berufspraxis verfügen.

Diese Definitionen wurden großteils vom Qualitätsrahmen für die Erwachsenenbildung in Österreich (Ö-Cert) übernommen. Mit Juli 2009 wurden 380 Anbieter (zumeist exklusive Zweigstellen) von Erwachsenenbildung in der Steiermark registriert. 2014 folgte ein ähnliches Projekt in Tirol, wo im Rahmen der Erhebung von „MAP EB-TIROL" 620 Anbieter inklusive Zweigstellen (das sind 254 ohne Zweigstellen) eruiert wurden (Gruber, Brünner, & Huss, 2014). Ausgehend von den beiden exemplarischen Beispielen kann festgestellt werden, dass es abgesehen von manchen „weißen Flecken" in abgelegenen Regionen ein flächendeckendes Netz an Erwachsenenbildungseinrichtungen in Österreich gibt. Allerdings ist die Bildungstätigkeit von Bundesland zu Bundesland sowie innerhalb einzelner Verbände und Einrichtungen sehr unterschiedlich; prinzipiell gilt, die Dichte an Weiterbildungsanbietern nimmt mit der Bevölkerungsdichte zu.

Nach Filla (o.J.) lässt sich das Institutionenfeld der österreichischen Erwachsenenbildung in acht Hauptdimensionen gliedern:

1. Medien mit Bildungsauftrag und/oder Bildungsangeboten
2. betriebliche Weiterbildung
3. kommerzielle private Einrichtungen
4. gemeinnützige private Einrichtungen
5. Erwachsenenbildung durch öffentliche Einrichtungen
6. Erwachsenenbildung durch Interessensvertretungen, Religionsgemeinschaften und Parteien
7. Erwachsenenbildung durch Schulen und Universitäten
8. Erwachsenenbildung im traditionellen Sinne – durch Mitgliedseinrichtungen der KEBÖ-Verbände

Eine besondere Rolle in der Landschaft spielt das Bundesinstitut für Erwachsenenbildung (bifeb). Beim bifeb handelt es sich um eine Einrichtung des BMBF mit dem Auftrag der Entwicklung und Professionalisierung der Erwachsenenbildung auf Grundlage des Erwachsenenbildungsförderungsgesetzes. Außerdem ist das bifeb Mitglied des Kooperativen Systems der Erwachsenenbildung. Historisch geht das bifeb auf das 1929 in Hubertendorf (Niederösterreich) gegründete Volksbildungsheim zurück. In der jetzigen Art besteht das bifeb seit 1956. Das bifeb kooperiert bundesweit mit Einrichtungen der Erwachsenenbildung, aber auch mit anderen Bildungsbereichen wie Schulen, Pädagogischen Hochschulen und Universitäten. Zum Programm gehören die Aus- und Fortbildung aller in der Erwachsenenbildung tätigen Berufsgruppen, theoretische und praxisorientierte Bearbeitungen von gesellschaftlichen Problemstellungen im Zusammenhang mit dem Lebenslangen Lernen, methodisch-didaktische Seminare sowie innovative Aspekte der Erwachsenen- und Weiterbildung.

5.2 Einrichtungen der Konferenz der Erwachsenenbildung Österreichs

Im Folgenden wird auf die im traditionellen Sinne die Erwachsenenbildung in Österreich verkörpernden Einrichtungen eingegangen. Sie können auch als „Kern" (Filla, o.J.) der Erwachsenenbildung gesehen werden, da es sich um die ältesten, österreichweit agierenden, gemeinnützigen, teilweise größten und im Erwachsenenbildungsförderungsgesetz von 1973 explizit angeführten Einrichtungen handelt.

Konferenz der Erwachsenenbildung Österreichs (KEBÖ)

1972 wurde die Konferenz der Erwachsenenbildung Österreichs (KEBÖ) von zunächst sieben, dann bis heute zehn Erwachsenenbildungsverbänden gegründet. Die KEBÖ fungiert als Ansprechpartner für das BMBF für die Erwachsenenbildung, außerdem wurden 2009 seitens des Bundes mit den Mitgliedern erstmals Leistungsvereinbarungen abgeschlossen, die die bisherige Subventionspraxis zugunsten einer mehrjährigen Förderpraxis ablöste. Die KEBÖ ist eine „freie Arbeitsgemeinschaft“ und versteht sich als unabhängiger Dachverband österreichischer Erwachsenenbildungsverbände. Ihre Entstehung begründete sich zum einen im Wunsch der großen Träger und Verbände der Erwachsenenbildung, in übergreifenden Anliegen gemeinsam aufzutreten. Zum anderen gab es Impulse durch das damalige Unterrichtsministerium, bundesweite Reformen der Erwachsenenbildung einzuleiten. Kennzeichen der KEBÖ sind Kooperation (die verschiedenen Einrichtungen und Verbände arbeiten bei der Professionalisierung, der Qualitätssicherung und in Projekten zusammen) und Konkurrenz (die Institutionen konkurrieren bezüglich Teilnehmender, öffentlicher Fördermittel, Image und Lehrender). Für diese widersprüchliche Situation wurde eine Organisationsform gefunden, die bislang von allen Beteiligten zwar akzeptiert, aber aufgrund ihrer mangelnden rechtlichen und finanziellen Basis auch immer wieder kritisiert wird.

In Zahlen stellt sich die KEBÖ im Jahr 2014 folgendermaßen dar:

- 6.103 angestellte (hauptberufliche) Mitarbeitende, die großteils dem Verwaltungsdienst zuzurechnen sind, rund ein Drittel sind Schätzungen zufolge pädagogisch qualifiziertes Personal
- 56.320 nebenberufliche Mitarbeitende, mehr als drei Viertel davon sind pädagogisch qualifiziert
- 25.280 ehrenamtliche Mitarbeitende
- 57.042 Kursleitende, Vortragende und Trainer
- 230.932 Veranstaltungen pro Jahr
- etwa 4,4 Millionen Teilnahmen pro Jahr
- rund eine Million aktive Benutzer öffentlicher Bibliotheken

Folgende zehn Verbände sind Mitglieder der KEBÖ:

Allgemeinbildender Schwerpunkt

- Arbeitsgemeinschaft der Bildungshäuser Österreichs (ARGE)
- Büchereiverband Österreichs (BVÖ)
- Forum Katholischer Erwachsenenbildung (FORUM)
- Ring Österreichischer Bildungswerke (RÖBW)
- Volkswirtschaftliche Gesellschaft Österreich (VG-Ö)

- Verband Österreichischer Gewerkschaftlicher Bildung (VÖGB)
- Verband Österreichischer Volkshochschulen (VÖV)

Berufsbildender Schwerpunkt

- Berufsförderungsinstitut Österreich (BFI)
- Ländliches Fortbildungsinstitut (LFI)
- Wirtschaftsförderungsinstitut der Wirtschaftskammer Österreich (WIFI)

In der folgenden Beschreibung der jeweiligen Mitglieder kommt zu Geltung, wie unterschiedlich die einzelnen Verbände sind.

Arbeitsgemeinschaft der Bildungshäuser Österreichs – ARGE

1954 schlossen sich zunächst sieben, kurze Zeit später weitere sechs Bildungsheime zur ARGE Volksbildungsheime zusammen. Nachdem sich die ARGE 1997 durch den Wechsel von 13 Bildungshäusern zum Forum katholischer Erwachsenenbildung verkleinerte, folgte auch inhaltlich eine Neuausrichtung hin zu pädagogischer Professionalisierung und Qualitätssicherung.

Da jedes Haus seine „Individualität" entwickelt hat, ist es nicht sinnvoll, generalisierende Aussagen zu treffen. Festgehalten werden kann, dass es in den Bildungshäusern etwa 40 Prozent Eigen- und 60 Prozent Gastveranstaltungen gibt, kürzere Kurse aber entgegen der gesellschaftlichen Tendenz zur Beschleunigung nicht stärker zugenommen haben als längere Veranstaltungen. Die etwa 16.000 Veranstaltungen im Jahr 2014 brachten über 400.000 Teilnahmen (etwa 60% von Frauen) mit 135.000 Nächtigungen. Zurzeit sind 20 Bildungshäuser mit rund 3.000 Mitarbeitenden, davon 303 hauptberuflich, an der Arbeitsgemeinschaft beteiligt. Der Großteil der Häuser befindet sich in kirchlicher Trägerschaft. Aber auch Länder und öffentlich-rechtliche Körperschaften fungieren als Träger.

WWW Weitere Informationen: www.arge-bildungshaeuser.at

Büchereiverband Österreichs – BVÖ

In diesem Dachverband, der 1948 gegründet wurde, sind die etwa 1.500 öffentlichen Bibliotheken ebenso vereinigt wie die Büchereiabteilung des Österreichischen Gewerkschaftsbundes und das Österreichische Bibliothekswerk katholischer Bibliotheken. Die öffentlichen Büchereien haben in den letzten Jahren verstärkt die Rolle von (zunehmend digitalen) Kommunikationszentren übernommen. Sie streben dabei den Ausbau zu modernen Lernorten und die strategische Partnerschaft mit anderen Bildungseinrichtungen an. Präsentation von Literatur, Konzerte, Veranstaltungen oder Diskussionsabende ergänzen die ursprüngliche Aufgabe des Bücherverleihs – 2013 waren es bereits 41.000, fast ausschließlich kurze, Veranstaltungen. 2014 überstieg die Zahl der Besuche erstmals die Marke von 10 Millionen, etwa 9.000 Personen waren im Büchereiverband beschäftigt – davon 845 hauptberuflich, 654 nebenberuflich und 7.700 ehrenamtlich. Etwa 23 Millionen Entlehnungen von Büchern und Medien fanden in diesem Jahr statt, wobei sich gerade E-Medien einer immer größeren Beliebtheit erfreuen. Die Zahl der Benutzer fiel in den letzten Jahren und lag 2014 bei rund 850.000 Personen.

WWW Weitere Informationen: www.bvoe.at

Forum Katholischer Erwachsenenbildung – FORUM

Das Forum umfasst über 70 Organisationen der katholischen Erwachsenenbildung und bietet persönlichkeitsbildende, theologische/spirituelle, sozialpolitische und kulturelle Bildung, Senioren-, Eltern- und Frauenbildung. Grundlage aller Bildungstätigkeit ist ein christliches Menschenbild. Die im Arbeitsjahr 2014 durchgeführten rund 27.000 Veranstaltungen, überwiegend kurze Angebote zwischen einer und vier Stunden, brachten rund 560.000 Teilnahmen. Knapp 14.000 betreuende Mitarbeitende sind ehrenamtlich tätig, 564 hauptberuflich, rund 7.500 nebenberuflich.

WWW Weitere Informationen: www.forumkeb.at

Ring Österreichischer Bildungswerke – RÖBW

Der Ring Österreichischer Bildungswerke wurde 1955 als Verein auf Bundesebene gegründet. Mit den von ihnen initiierten Bildungsprozessen wollen die Bildungswerke die Alltagserfahrungen der Menschen aufgreifen, lokale und regionale Lernbedürfnisse unterstützen und das Engagement für Gesellschaft und Gemeinschaft im Sinne der *Community Education* fördern. Schwerpunkte der Bildungsarbeit werden dabei im Bereich der politischen Bildung, der Persönlichkeitsbildung und der kulturellen Bildung gesetzt. Die Arbeit der rund 900 örtlichen Bildungswerke wird von rund 2.200 Mitarbeitenden getragen, die ehrenamtlich tätig sind. Weiteren rund 3.000 Seminarleitenden und Referenten stehen 134 hauptamtlich beschäftigte Mitarbeitende gegenüber. Im Arbeitsjahr 2014 wurden etwa 390.000 Teilnahmen an rund 17.000 Veranstaltungen gezählt. An ebenso vielen Sonderveranstaltungen wurden darüber hinaus eine Million Teilnahmen registriert. Gemeinsam mit der niederösterreichischen Landesakademie und dem FORUM fungiert der RÖBW als Träger des 1960 (noch unter anderem Namen) gegründeten Instituts für Erwachsenenbildung (oieb), das seit 1999 in St. Pölten lokalisiert ist und mittlerweile auch ein Büro in Wien führt.

WWW Weitere Informationen: http://ring.bildungswerke.at

Volkswirtschaftliche Gesellschaft Österreich – VG-Ö

Die Volkswirtschaftliche Gesellschaft fungiert seit 1958 als Dachverband für die Landesgesellschaften. Sie wollen insbesondere zu Themen der Wirtschafts- und Gesellschaftspolitik Veranstaltungen abhalten. Nach der Devise „Vorsprung durch Bildung" sind die Bildungsangebote besonders an den Schnittstellen und Übergängen von Bildungswesen und Berufswelt angesiedelt. Es handelt sich dabei um Seminare, Workshops, Kurse, aber auch um regionale und europäische Bildungsprojekte. Innovative Bildungsangebote für Mitarbeitende und Unternehmen werden entwickelt, Berufsorientierung und Bildungsinformation geboten, Lebenslanges Lernen und unternehmerisches Denken in Wirtschaft und Gesellschaft gefördert. 2014 konnte die VG rund 81.000 Teilnahmen an etwa 2.300 Veranstaltungen zählen, für die die 47 hauptberuflichen, 185 nebenberuflichen und 113 ehrenamtlichen Mitarbeitenden verantwortlich waren.

WWW Weitere Informationen: www.vwg.at

Verband Österreichischer Gewerkschaftlicher Bildung – VÖGB

Die Schulungs- und Bildungshäuser sind Einrichtungen der Arbeiterkammern und der Gewerkschaften. Die Zielsetzung ihrer Bildungstätigkeit liegt darin, Angebote für Mitglieder, Funktionsträger und Mitarbeitende der Arbeitnehmerorganisationen durchzuführen. Zugleich versteht sich der VÖGB als Servicestelle und stellt eine Vielzahl an Skripten und Broschüren zu unterschiedlichen gesellschaftspolitischen, sozialen, rechtlichen und historischen Themen bereit. Zu den allgemeinen Bildungszielen gehört es, Sachkompetenz zu vermitteln, strategische Fähigkeiten zu entwickeln, zukunftsorientiertes Denken anzuregen sowie soziale und kommunikative Kompetenz zu fördern. 2014 waren gemäß der 29. KEBÖ-Statistik 14 Verbände und 20 örtliche Einrichtungen im Verband organisiert. Am Zustandekommen von rund 5.900 Veranstaltungen beteiligten sich 2.075 Personen: 75 davon hauptberuflich, 1.500 nebenberuflich und 500 ehrenamtlich. Knapp 118.000 Teilnahmen wurden registriert.

Weitere Informationen: www.voegb.at

Verband Österreichischer Volkshochschulen – VÖV

Insgesamt gibt es derzeit knapp 300 Volkshochschuleinrichtungen in ganz Österreich, die sich „als der Demokratie verpflichtete, weltanschaulich an die Menschenrechte gebundene, von politischen Parteien unabhängige Bildungseinrichtungen" verstehen. Seit Jahren ist der Fachbereich „Gesundheit und Bewegung" der teilnahmestärkste Bereich, 2014 entfielen 43 Prozent aller Teilnahmen auf ihn, gefolgt vom Fachbereich „Sprachen" (25%). Etwa 64 Prozent der Volkshochschulen werden von Vereinen getragen, 23 Prozent von Kommunen und 13 Prozent von einer *gemeinnützigen Gesellschaft mit beschränkter Haftung*. Wie aus der „Strukturanalyse 2010" der österreichischen Volkshochschulen hervorgeht, setzt sich der Trend zur Ausweitung der Betriebszeiten auch weiterhin fort. Mittlerweile bieten ca. 40 Prozent der Einrichtungen nicht nur am Abend, sondern auch während des Tages Veranstaltungen an. Hingegen nehmen die „eigenen" Lokalitäten weiter ab. In mehreren Bundesändern leitet eine Person mehrere Volkshochschulen, die Zahl der Leitenden ging innerhalb der letzten Jahre zurück. Im Jahr 2010 wurden zu 40,7 Prozent Volkshochschulen nebenberuflich und zu 32,8 Prozent ehrenamtlich geleitet. Der steigende Anteil weiblicher Leitungskräfte liegt derzeit bereits bei 57,8 Prozent. Im Kursjahr 2013/14 wurden 45.781 Kurse mit 480.732 Teilnahmen registriert. Dies ergibt eine durchschnittliche Teilnahmezahl von etwa zehn Personen pro Kurs. Insgesamt wurden rund 56.000 Veranstaltungen und 765.000 Teilnahmen registriert. Der Anteil der Teilnehmenden liegt dabei mit 75 Prozent deutlich über dem der anderen KEBÖ-Verbände.

Weitere Informationen: www.vhs.or.at

Berufsförderungsinstitut – BFI

Das Berufsförderungsinstitut wurde 1959 gegründet und ist eine wesentliche Einrichtung der beruflichen Weiterbildung für Einzelpersonen, Unternehmen und öffentliche Auftraggeber. Träger sind die Kammern für Arbeiter und Angestellte und der Österreichische Gewerkschaftsbund. Mit berufsorientierten Angeboten soll die berufliche Mobilität erhöht und eine gesicherte Qualifizierung erreicht werden. Besonderen Nachdruck legt das Berufsförderungsinstitut auf die Schulung von Personen, die von Arbeitslosigkeit betroffen oder bedroht sind. Berufsvermittelnde Angebote und Angebote im Bereich der Berufsreife und des zweiten Bildungswegs bilden etwa 40 Prozent des gesamten Angebots. Aus Statistiken der Arbeitsberichte lässt sich erkennen, dass die

Zahl der angebotenen Veranstaltungen von knapp 5.000 im Jahr 1991 auf etwa 20.000 im Jahr 2014 gestiegen ist. Das bedeutet auch ein Anwachsen der Teilnahmen von ca. 66.000 auf ca. 238.000. Neben ungefähr 2.400 Angestellten sind noch etwa 6.000 Honorarkräfte in der Kursbetreuung tätig. Um möglichst effizient weiterzubilden, werden viele Kursmaßnahmen in Form von Modulen angeboten.

Weitere Informationen: www.bfi.at

Ländliches Fortbildungsinstitut – LFI

Das Ländliche Fortbildungsinstitut hat sich 1972 als Verein konstituiert. Es ist das Bildungsunternehmen der Landwirtschaftskammer. Hauptziel ist es, durch berufsorientierte Bildungsangebote in der Land- und Forstwirtschaft sowie in der ländlichen Hauswirtschaft zu wirken und ein zeitgemäßes Bildungsangebot für die Menschen im ländlichen Raum zu gestalten. Im Arbeitsjahr 2014 wurde die Bildungstätigkeit von 3.600 nebenberuflichen sowie von 136 hauptberuflichen Mitarbeitenden durchgeführt. Bei den 13.600 Veranstaltungen wurden etwa 376.000 Teilnahmen gezählt. Der überwiegende Teil des Bildungsangebots fällt unter die Kategorie Kurzveranstaltungen.

Weitere Informationen: www.lfi.at

Wirtschaftsförderungsinstitute der Wirtschaftskammer Österreich – WIFI

Die Wirtschaftsförderungsinstitute verstehen sich als Nachfolgeeinrichtungen der Gewerbeförderungsinstitute, die Ende des 19. Jahrhunderts gegründet wurden. Aus dem Handelskammergesetz von 1946 ergibt sich der Auftrag der Wirtschaftsförderungsinstitute, die sich speziell der beruflichen Weiterbildung widmen. Zu erwähnen sind auch die breite Palette an kooperativen Master- und Universitätslehrgängen im Angebot des WIFI, die WIFI-Zertifizierungsstelle für Personenzertifizierungen und Verfahrensprüfungen und der Weiterbildungsexport durch das WIFI International. Im Arbeitsjahr 2014 waren in den Wirtschaftsförderungsinstituten 12.680 Personen, davon 12.000 Vortragende sowie Kurs- und Seminarleitende, tätig. An 32.000 Veranstaltungen wurden rund 366.000 Teilnahmen registriert.

Weitere Informationen: www.wifi.at

5.3 Qualitätsentwicklung und -sicherung

Die Frage nach der Qualität im Weiterbildungsbereich hat mehrere Dimensionen. Aufgrund der Heterogenität und Vielfalt der Landschaft gibt es sehr unterschiedliche Angebotsqualitäten. Gemäß der geringen gesetzlichen Regelungsdichte liegt die Verantwortung für die Qualitätssicherung und -entwicklung in der institutionellen Autonomie der Einrichtungen. Qualität ist aber auch für das einzelne Subjekt zu bestimmen. Denn: Qualität in der Bildungsarbeit ist – von der Einschätzung der Einzelnen her – immer auch eine subjektive, persönliche Angelegenheit. Was für den einen Teilnehmenden einen gelungenen Lernprozess darstellt, ist es für den anderen nicht unbedingt. Qualität aus Sicht der Nachfragenden kann deshalb immer nur eine Annäherung darstellen: Anbieter und Angebot auf der einen und Wünsche und Bedürfnisse der Nachfragenden auf der anderen Seite. Qualität muss vor allem Transparenz gewährleisten, und der Einzelne muss in der Lage sein oder in diese versetzt werden, sich ein Urteil über das Weiterbildungsangebot und den -anbieter bilden zu können.

In den letzten zwei Jahrzehnten fand in der österreichischen Erwachsenenbildung ein intensiver Qualitätsdiskurs statt. Als Resultat verfügt mittlerweile eine Vielzahl an Anbietern über ein Qualitätsmanagementsystem oder wendet entsprechende Qualitätssicherungsverfahren an (die gängigsten sind EN ISO 9001ff., EduQua, EFQM, LQW). Parallel dazu wurden in einzelnen Bundesländern Qualitätssiegel entwickelt (u.a. OÖ-QS, CERT-NÖ, S-QS, WAFF-Biko), auf deren Grundlage Individualförderungen (Bildungskonto, Bildungsscheck etc.) vergeben werden. Diese Praxis hat dazu geführt, dass sich überregional tätige Anbieter mehrfach (bis zu neun Mal; so hat jedes Bundesland in puncto Einlösung des Bildungschecks eigene Kriterien) Anerkennungsverfahren (mit jeweils ähnlichen, aber letztlich doch nicht identischen Standards) unterziehen müssen.

Aus diesem Grund kam das damalige Bundesministerium für Unterricht, Kunst und Kultur 2009 dem Wunsch nach einem überregional akzeptierten Anerkennungsverfahren für bestehende Qualitätsbemühungen nach, indem es aufbauend auf Ergebnissen vorangegangener Erhebungs- und Entwicklungsprojekte (u.a. Gruber & Schlögl, 2007) die Erarbeitung eines österreichweiten Qualitätsrahmens in Auftrag gab. Um von Anfang an eine hohe Akzeptanz zu schaffen, wurde ein partizipativer Forschungs- und Entwicklungsansatz gewählt, der die unterschiedlichsten Akteure aus Bildungspolitik und -verwaltung (Bund, Länder), Erwachsenenbildungspraxis sowie Wissenschaft und Forschung zusammenbrachte. Das erstellte Gesamtkonzept wurde im Rahmen eines breiten Konsultations- und Aushandlungsprozesses auf verschiedenen Ebenen – bis hin zur Landeshauptleutekonferenz – diskutiert und adaptiert (Gruber & Schlögl, 2011). Am Ende dieses Prozesses gelang es 2012, eine „Art. 15a B-VG-Vereinbarung zwischen dem Bund und den Ländern“ abzuschließen, die die notwendige Rechtssicherheit in Bezug auf das Anerkennungsverfahren im Qualitätsrahmen gewährleistet.

Mit Ö-Cert werden die Erwachsenenbildungsorganisationen keineswegs zu neuen Qualitätsmanagement- bzw. Qualitätsverfahren (QMS/Q-Verfahren) mit regelmäßigen Audits vor Ort verpflichtet, sondern es werden auch bereits bestehende Qualitätszertifikate als Nachweis anerkannt. Darüber hinaus sind spezifische Grundvoraussetzungen zu erfüllen und nachzuweisen, die zum einen als grundsätzlicher Beleg dafür dienen, dass es sich bei dem Anbieter um eine Organisation der Erwachsenenbildung handelt, und die zum anderen als zusätzliche Belege für die Qualität der Anbieter und ihrer Angebote im Sinne von Ö-Cert gelten. Die Voraussetzungen beziehen sich auf leitende Paradigmen der Erwachsenenbildungsorganisation, auf die Organisation, das Angebot sowie ethische und demokratische Prinzipien. Die Liste der Voraussetzungen ist nicht als „Checkliste“ konzipiert, von der ein gewisser Grad an Punkten positiv zu erfüllen ist, sondern es wird eine integrierte Gesamtbeurteilung getroffen. Die Nicht-Erfüllung der Voraussetzungen gilt als absolutes Ausschlusskriterium – auch bei Vorhandensein eines gültigen QMS/Q-Verfahrens.

Verfügen die Anbieter (das können kleine lokale Trainer-Teams ebenso wie große bundesweit agierende Bildungsorganisationen sein) über beides, also ein von Ö-Cert anerkanntes QMS/Q-Verfahren sowie die Erfüllung der Grundvoraussetzungen, so können sie um Ö-Cert ansuchen. Dies erfolgt über ein Internetportal bei der Geschäftsstelle von Ö-Cert in Wien. Eine Akkreditierungsgruppe, bestehend aus fünf nationalen und internationalen Experten aus Wissenschaft, Forschung und Praxis der Erwachsenenbildung, prüft die Unterlagen. Nach erfolgreicher Überprüfung wird Ö-Cert mittels Bescheid durch das BMBF verliehen und es erfolgt die Aufnahme in das öffentlich zugängliche „Verzeichnis der Qualitätsanbieter der österreichischen Erwachsenenbildung“. Die Gültigkeitsdauer richtet sich nach der Gültigkeit des jeweiligen Qualitätszertifikats zzgl. einer Toleranz von sechs Monaten. Die Anmeldung und Einreichung für Ö-Cert ist kostenlos (die Kosten für das Verfahren und die Geschäftsstelle trägt das BMBF, einzig für das Zertifikat sowie die Logonutzung wird ein Kostenbeitrag von 100 Euro erhoben).

Bis März 2016 wurden insgesamt 1.109 Ö-Cert vergeben und zwar an 362 Einrichtungen der Erwachsenenbildung inklusive 747 Zweigstellen.

WWW Weitere Informationen: www.oe-cert.at

6. Finanzierung und Nutzen

6.1 Finanzierung

In Österreich besteht keine gesetzliche Verpflichtung des Staates, Erwachsenenbildung zu finanzieren, aber es gibt gesetzliche Möglichkeiten, wie das Gesetz über die Förderung der Erwachsenenbildung und des Volksbüchereiwesens (kurz: Förderungsgesetz), über die der Staat Aktivitäten in diesem Bereich fördern kann (Bundeskanzleramt Rechtsinformationssystem, 2013). Die Finanzierung der Erwachsenenbildung erfolgt durch ein Mischsystem, das zum einen aus öffentlichen Mitteln von Bund, Ländern, Gemeinden, öffentlichen Körperschaften und in zunehmenden Maße auch durch EU-Mittel und zum anderen aus privaten Mitteln von Teilnehmenden sowie Arbeitgeberinnen und Arbeitgebern gespeist wird. Fragen zur Finanzierung werden deshalb in der Regel bruchstückhaft beantwortet. Die Gründe dafür hängen nicht alleine mit der kurzfristigen Validität empirischer Daten zusammen. Das Problem, verlässliche Kennzahlen zu gewinnen, hängt auch mit den sehr unterschiedlichen Finanzierungsquellen und mit der Schwierigkeit zusammen, das heterogene Feld der Erwachsenen- und Weiterbildung einzugrenzen. Die Datenlage ist insgesamt als defizitär zu bezeichnen. Hinzu kommt, dass die Struktur der Weiterbildungsfinanzierung seit einigen Jahren einem Wandel unterliegt. Dieser ist durch die Zunahme von nachfrageorientierten Instrumenten für Individuen und Unternehmen gekennzeichnet sowie durch eine zunehmende Output-Orientierung, die sich speziell in flexibleren Projektförderungen samt Monitoring ausdrückt. Auf Basis des Mikrozensus 2003 (Statistik Austria, 2004a), der IHS-Studie (Lassnig, Vogtenhuber, & Osterhaus, 2012), der Erhebung zur betrieblichen Weiterbildung 2010 (Statistik Austria, 2013b) und des AES 2011/2012 (Statistik Austria, 2013a) kann zumindest eine grobe Übersicht zur Weiterbildungsfinanzierung gegeben werden, wobei das jeweilige Budget- bzw. Bezugsjahr zu berücksichtigen ist.

Insgesamt beliefen sich die staatlichen Bildungsausgaben im Jahr 2013 auf 17,8 Milliarden Euro. Das entspricht 5,7 Prozent des Bruttoinlandsproduktes Österreichs – womit Österreich etwa im EU-21-Mittel liegt. 91,1 Prozent aller Anteile für Bildungseinrichtungen stammen laut OECD aus öffentlicher Hand (OECD, 2014, S. 337). Etwa die Hälfte der 17,8 Milliarden kommt vom Bund. Private Ausgaben für staatliche Bildungsleistungen summieren sich im selben Jahr auf 287 Millionen Euro.

Für die Weiterbildung kann im Jahr 2009 ein Finanzvolumen von etwa 2,6 Milliarden angenommen werden. Davon fallen 362 Millionen auf die drei Gebietskörperschaften (Bund, Länder, Gemeinden) und 906 Millionen auf AMS-Qualifizierungsmaßnahmen, während die betrieblichen Ausgaben auf 762 Millionen und die Ausgaben von

Privatpersonen auf 531 Millionen geschätzt werden (Lassnig, Vogtenhuber, & Osterhaus, 2012, S. 40; Abb. 4). Weiterbildung stellt so gesehen eine Fusion verschiedener finanzieller Ressourcen dar, nicht nur direkter Art (Beiträge), sondern auch indirekter Art (Lohnausfall, Betreuung von Kindern, Fahrt- und Übernachtungskosten etc.).

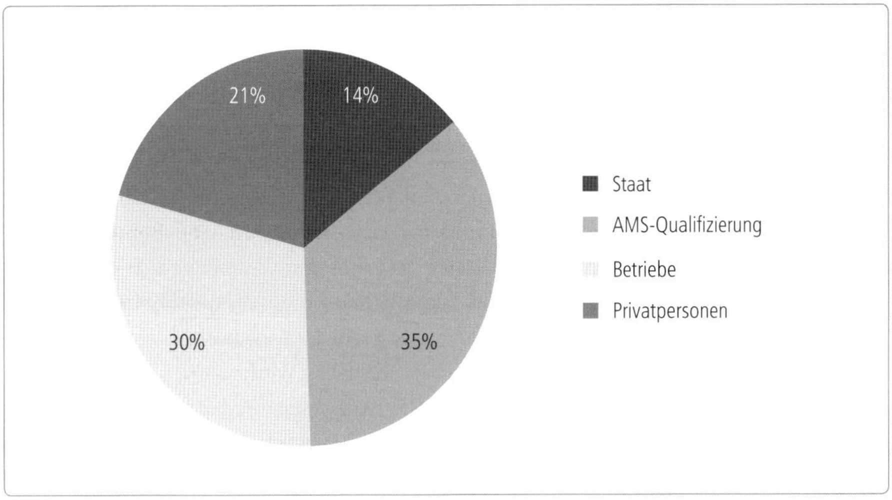

Abbildung 4: Verteilung der Weiterbildungsfinanzierung 2009
(Quelle: Lassnigg, Vogtenhuber, & Osterhaus, 2012, S. 40)

6.1.1 Staatliche Finanzierung

Finanzierung im Weiterbildungsbereich betrifft immer auch gesellschaftliche Verteilungsfragen. So können finanzielle Förderungen durch die öffentliche Hand sich explizit an bestimmte Zielgruppen (z.B. bildungsbenachteiligte Erwachsene, ältere Personen, Migrantinnen und Migranten, junge erwerbslose Erwachsene) richten – mit dem Ziel, diese Gruppen über Bildung stärker in die Gesellschaft einzubinden. Dafür werden bestimmte Anbieter auf dem Gebiet der Erwachsenenbildung in die Förderung einbezogen. Besonders hervorzuheben ist in diesem Zusammenhang die 2012 erfolgte Implementierung der bundesweiten „Initiative Erwachsenenbildung“ (Kap. 4) als umfassendes Finanzierungs- und Steuerungsinstrument im Bereich des Nachholens von Pflichtschulabschluss und Basisbildung.

Gleichzeitig können sich Förderungen prinzipiell an alle Erwachsenen richten und damit stärker das egalitäre Motiv betonen. Auf Bundesebene orientiert sich etwa die Basisförderung für Anbieter der Erwachsenenbildung an Qualitätskriterien, die im Sinne des Förderungsgesetzes (Kap. 4) inhaltliche Fragen berühren und damit großen Spielraum in der Programmgestaltung und der Nachfrageorientierung zulassen. Auf Landes-

und Gemeindeebene gibt es zudem eine Vielzahl an Förderungen, die sich vorwiegend an Erwachsene richten, welche sich in eigener Verantwortung beruflich weiterbilden. Die Verteilungsfrage kommt hierbei insofern zur Geltung, indem etwa bestimmte Einkommensobergrenzen als Förderkriterien festgelegt werden.

Zwischen 1999 und 2004 wiesen die staatlichen Weiterbildungsbudgets eine rückläufige Tendenz auf; zwischen 2006 und 2009 kam es aber zu einem Anstieg von 18 Prozent. Für das Jahr 2009 gehen Lassnig, Vogtenhuber und Osterhaus von rund 362 Millionen Euro Ausgaben aus öffentlicher Hand aus, was einem Anteil von 2,5 Prozent an den gesamten öffentlichen Bildungsausgaben 2009 entspricht. Rechnet man allerdings die Schulen für Berufstätige heraus,[6] senken sich die staatlichen Weiterbildungsbudgets auf 187,1 Millionen Euro. Andererseits ist die steuerliche Absetzbarkeit von Bildungsausgaben (als Werbungskosten für Privatpersonen im Zuge der Arbeitnehmerveranlagung bzw. als Bildungsfreibetrag bzw. Bildungsprämie für Unternehmen) in den Zahlen nicht inkludiert, wodurch die tatsächlichen staatlichen Ausgaben wohl höher ausfallen. Bezogen auf die Werbungskosten gibt es keine aktuelle statistische Auswertung, da die „Fortbildungs-, Aus- und Umschulungskosten" im Feld „Werbungskosten, die der Arbeitgeber nicht berücksichtigen konnte" nicht extra erfasst werden. Das gesamte Feld wies 2012 ein Finanzvolumen von 594 Millionen Euro auf, was bei knapp 438.000 Personen eine durchschnittliche Geltungsmachung von 1.357 Euro bedeutet. Im Jahr 2003 machte die steuerliche Absetzbarkeit laut dem Mikrozensus zum Lebenslangen Lernen rund 6 Prozent der gesamten Kosten für non-formale berufliche Aus- und Weiterbildung aus. Da jedoch unselbstständige Einkommen bis zu einer jährlichen Grenze von 12.000 Euro steuerfrei sind, bleiben Geringverdienerinnen und -verdiener, die keine Lohnsteuer bezahlen und somit auch keine Werbungskosten geltend machen können, von der Förderung ausgeschlossen.

Wie in der Tabelle 3 zu sehen ist, entfallen knapp 60 Millionen von den 187 Millionen – das sind ca. 32 Prozent – auf die Bundesländer, die damit den größten Anteil an den Gesamtkosten tragen. Von den Gemeinden werden 47,9 Millionen Euro (26%) übernommen, der Bund hält mit 23,5 Millionen etwa 13 Prozent an den Gesamtkosten. Gemessen an den gesamten Bildungsausgaben des Bundes (ca. 8,5 Milliarden) beträgt der Anteil für Erwachsenenbildung im engeren Sinne demnach lediglich 0,27 Prozent. Beachtlich ist, dass knapp 34 Millionen Euro für die Weiterbildungen von Lehrerinnen und Lehrern an den Pädagogischen Hochschulen ausgegeben wurden.

6 Die Ausklammerung der Schulen für Berufstätige ist dabei nicht unumstritten: Ob dabei nämlich tatsächlich in der Regel ein Erstabschluss angestrebt wird, ist stark zu bezweifeln (Vogtenhuber, 2012). Für eine Ausklammerung sprechen eher das durchschnittlich geringe Alter der Schülerinnen und Schüler, das meist unter 25 Jahre liegt und die klare Zuordnung der Schulen zum formalen Lernen.

Erwachsenenbildungsbudget in Mio. Euro, zu Preisen von 2009	2004	2006	2009
Bund	14,3	16,5	23,5
Länder	54,1	57,3	59,7
Gemeinden	27,6	41,6	47,9
Maßnahmen der Integrationsvereinbarung	–	–	2,8
Beratungs- und Weiterbildungsmaßnahmen	11,1	10,5	9,6
Pädagogische Hochschulen	28,5	31,2	33,9
Verwaltungsakademie des Bundes[7]	–	–	0,9
Förderung Donau-Universität Krems	6,4	8,2	8,8
Staatliche Weiterbildungsbudgets	142,0	165,2	187,1

Tabelle 3: Erwachsenenbildungsbudget (Quelle: Vogtenhuber, 2012, S. 5)

Angesichts der angeführten Summe stellt die „Initiative Erwachsenenbildung" mit einem Finanzvolumen von über 100 Millionen Euro für die Jahre 2012 bis 2017 ein hohes Engagement des Bundes dar. Eine direkte Addierung der Summe zum staatlichen Weiterbildungsbudget ist dabei aber insofern problematisch, da immerhin 45 Prozent aller Teilnahmen an den Angeboten der Initiative zwischen 2012 und 2014 auf Unter-25-Jährige entfällt (Stoppacher & Edler, 2014; eigene Berechnungen). Aus einer stärker dem Volksbildungsbegriff verpflichteten Perspektive mag das kein Problem darstellen, in Bezug auf die in Studien zur Erwachsenen- und Weiterbildung üblich gewordene Alterseinschränkung (25 bis 64 Jahre) jedoch schon, gerade im Hinblick auf die internationale Vergleichbarkeit der Weiterbildungsfinanzierung.

6.1.2 Weitere öffentliche Finanzierungshilfen

Darüber hinaus existieren weitere öffentliche Finanzierungshilfen, die nachfolgend knapp skizziert werden.

Bildungsgutscheine der Kammer für Arbeiter und Angestellte (AK)

Je nach Bundesland werden bis zu 150 Euro für die Absolvierung ausgewählter Veranstaltungen von dieser Kammer zur Fort- und Weiterbildung zugeschossen. Genaue Zahlen über die Nutzung sind nicht bekannt; dem Mikrozensus zum Lebenslangen Lernen 2003 ist aber zu entnehmen, dass 6 Prozent der Befragten für die besuchten Kurse finanzielle Unterstützung von ihrer Interessenvertretung (AK, Wirtschaftskammer, Gewerkschaftsbund) erhalten haben.

7 Die Verwaltungsakademie des Bundes im Wiener Schloss Laudon ist die zentrale Weiterbildungseinrichtung für Mitarbeitende des Bundes, die in den zwei Programmschwerpunkten „Grundbildung" und „Verwaltung und Steuerung" im Jahr 2014 insgesamt 537 Seminare veranstaltet hat. Nachdem die Akademie 2003 aufgelöst worden war, wurde 2009 der Betrieb wieder aufgenommen.

Bildungskonto

Trotz beträchtlicher Voraussetzungs- und Bezeichnungsunterschiede zwischen den Bundesländern hat das Bildungskonto das Ziel, einen Teil der Kosten (bis zu 80%) für eine weiterführende Ausbildung nachträglich zu finanzieren. Eine vielfältige Förderschiene wird durch den Wiener ArbeitnehmerInnen Förderungsfonds (WAFF) angeboten, spezielle Förderbereiche für unterschiedliche Zielgruppen werden aber in allen Bundesländern angeboten. Die steirische Bildungsförderung hat bspw. den Schwerpunkt auf Lehrlinge und Lehrabsolventinnen bzw. -absolventen gesetzt.

Studienbeihilfe

Das Selbsterhalter-Stipendium richtet sich an Studierende, die vor der Aufnahme des Studiums berufstätig waren. Das Stipendium soll die damit verbundenen Einkommenseinbußen kompensieren. Die Anspruchsberechtigung hängt dabei von Dauer und Einkünften der Erwerbstätigkeit und dem Alter des Antragstellers ab, die Höhe des Stipendiums liegt derzeit bei maximal 679 Euro pro Monat. Studierende, die während des Studiums zumindest halbtags berufstätig waren und kurz vor dem Abschluss stehen, können ein Studienabschluss-Stipendium beantragen, vorausgesetzt sie geben ihre Berufstätigkeit auf.

Förderung des öffentlichen Büchereiwesens

Für das öffentliche Büchereiwesen, das seit März 2014 in das Bundeskanzleramt eingegliedert wurde, werden auch aus dem Förderungsgesetz Mittel zur Strukturverbesserung und für innovative und nachhaltige Projekte vergeben.

Steuerliche Anreize

Für Unternehmen, die in die Weiterbildung ihrer Mitarbeitenden investieren wollen, bieten der Bildungsfreibetrag und die Bildungsprämie Möglichkeiten dafür. Seit 2002 können Unternehmen 20 Prozent der Kosten für interne und externe Weiterbildungsmaßnahmen steuerlich absetzen. Mit der Bildungsprämie können 6 Prozent der externen Bildungskosten dem Abgabenkonto gutgeschrieben und daher im Gegensatz zum Bildungsfreibetrag auch in Verlustjahren geltend gemacht werden (Wagner, 2007).

Bildungssparen

Bei diesem weniger bekannten Instrument handelt es sich um klassische Bausparverträge, die als Darlehen für Weiterbildungsmaßnahmen genutzt werden können. Mit dieser Maßnahme treten auch Banken als Finanzierungsinstrumente in den Weiterbildungsmarkt, auch wenn in Österreich die Finanzierung von Aus- und Weiterbildung über einen Kredit im Gegensatz etwa zu den USA noch unüblich ist.

6.1.3 Finanzierung durch das Arbeitsmarktservice (AMS)

Ein erheblicher Teil der Ausgaben für Weiterbildungs- und Qualifizierungsmaßnahmen wird vom Arbeitsmarktservice (AMS) getätigt, das im Wesentlichen durch die Beiträge zur Arbeitslosenversicherung finanziert wird. Insgesamt wurden im Jahr 2014 rund 1,1 Milliarden Euro für aktive arbeitsmarktpolitische Förderangebote ausgegeben, die von rund 380.800 arbeitsuchenden bzw. beschäftigten Personen in Anspruch genommen wurden. Davon wiederum sind 698 Millionen Euro (62%) für Qualifizierungsmaßnahmen verwendet worden, 404 Millionen Euro wurden dabei für Aus- und Weiterbildungsangebote im engeren Sinne aufgebracht, womit ein Angebot für beinahe 187.000 Personen geschaffen wurde. Hinzu kamen im Jahr 2014 Ausgaben von 11 Millionen Euro für das „New-Skills-Programm", einem Programm zur frühzeitigen Abdeckung besonders nachgefragter Qualifikationen. Weitere 13 Millionen Euro wurden als Fördermittel des Europäischen Sozialfonds vorrangig zur Qualifizierung von Beschäftigten und Betriebsberatungen herangezogen. Zu bedenken ist dabei aber, dass jener Teil der Ausgaben, die zur Förderung von Jugendlichen herangezogen werden, hier nicht extra ausgewiesen ist.

Von Interesse ist auch die Entwicklung des Weiterbildungsgeldes im Zuge der Bildungskarenz.[8] Die finanziellen Ausgaben für das Weiterbildungsgeld durch das AMS (ohne Beiträge der Sozialversicherung) stiegen von rund 9,6 Millionen Euro 2005 auf rund 102 Millionen Euro 2014. Rechnet man das am 1.07.2013 eingeführte Bildungsteilzeitgeld dazu, wurden 2014 knapp 112 Millionen Euro an Fördersummen ausgegeben. Die Zahl der durchschnittlich geförderten Personen stieg im selben Zeitraum von rund 1.300 auf 8.500 bzw. 11.000 (mit Bildungsteilzeitgeld).

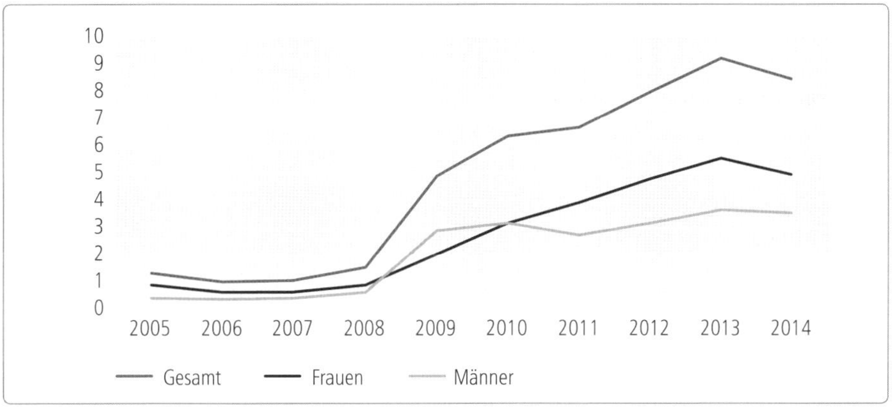

Abbildung 5: Durchschnittlicher Bestand an Beziehenden von Weiterbildungsgeld, in Tsd. (Quelle: Geschäftsberichte des AMS, 2015)

8 Die Bildungskarenz ermöglicht Arbeitnehmenden, sich bei bestehendem Arbeitsverhältnis für Weiterbildung freistellen zu lassen. Diese Freistellung muss zwischen Arbeitgebenden und Arbeitnehmenden vereinbart werden. Auf Bildungskarenz besteht kein Rechtsanspruch.

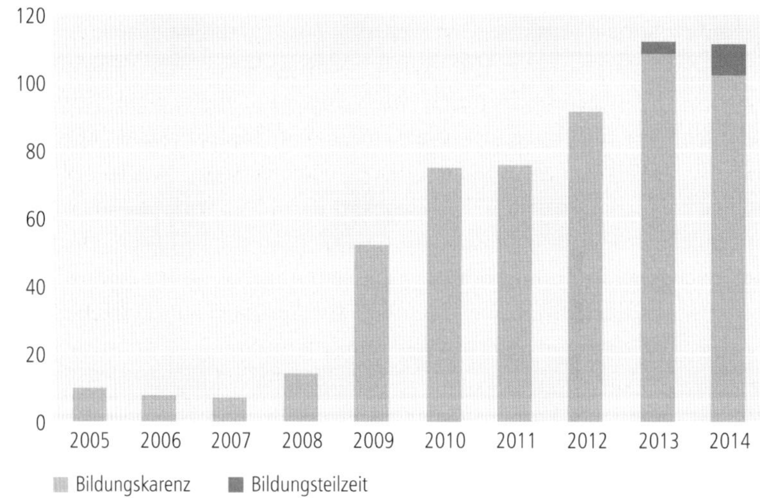

Abbildung 6: Fördersummen (ohne Sozialversicherung), in Mio. (Quelle: Geschäftsberichte des AMS, 2015)

6.1.4 Finanzierung durch private Haushalte

Einen großen Anteil an den Weiterbildungskosten tragen die privaten Haushalte selbst. Bezogen auf die 5.754 ausgewerteten Interviews des AES 2011/12 ergibt sich dabei folgendes Bild: Für formale Bildung gab eine Person innerhalb der letzten zwölf Monate vor der Befragung durchschnittlich 743 Euro aus. Die Hälfte der an formalen Bildungsaktivitäten teilnehmenden Personen bezahlte bis zu 250 Euro, die andere Hälfte zahlte mehr als 250 Euro. Angesichts des vergleichsweise hohen Durchschnittswerts gab es also einzelne Personen, deren Ausgaben für formale Bildung deutlich über dem Median von 250 Euro liegen. Der Geschlechtervergleich zeigt dabei deutliche Unterschiede: Während der Median – also jener Wert, der exakt in der Mitte der nach Größe geordneten Werte einer Stichprobe liegt – der privaten Ausgaben von Männern bei 380 Euro liegt, ist jener der Frauen mit 200 Euro fast doppelt so niedrig (Statistik Austria, 2013a, S. 26).

Insgesamt nahm knapp die Hälfte der Befragten an einer nicht-formalen Weiterbildungsaktivität (z.B. Kurse, Seminare, Workshops, Einzelschulungen am Arbeitsplatz, Privatunterricht) teil, wobei der Anteil der Personen mit Hochschulabschluss bei knapp 70 Prozent und damit deutlich über dem Anteil der Personen mit höchstens Pflichtschulabschluss (23,5%) lag. Die durchschnittlichen Ausgaben für non-formale Bildungsaktivitäten innerhalb der letzten zwölf Monate vor der Befragung lagen bei rund 270 Euro. Ausgaben für Unterricht, Einschreibung, Prüfungen, Bücher oder technische Lernmittel sind darin enthalten. Mit 309 Euro zahlten Frauen deutlich mehr als Männer, die im Durchschnitt 229 Euro für nicht-formale Weiterbildung ausgaben. Markante Unterschiede gibt es auch hinsichtlich des Alters, der höchsten abgeschlossenen Ausbildung und der Wohngegend (ebd., 2013a, S. 81; Tab. 4). Im Vergleich zum AES 2007 haben sich die privaten Ausgaben für non-formale Bildungsaktivitäten um durchschnittlich etwa 17 Euro verringert. Hochgerechnet summieren sich die privaten Ausgaben auf etwa 571 Millionen Euro, wobei hier die Opportunitätskosten (Lohnentfall, Kinderbetreuung, Reisekosten etc.), die für das Jahr 2009 auf 400 Millionen Euro geschätzt wurden, nicht eingerechnet sind (Vogtenhuber, 2012).

Ausgaben	Euro
insgesamt	**268,58**
Frauen	309,13
Männer	228,86
Alter	
25 bis 34 Jahre	219,31
35 bis 44 Jahre	232,13
45 bis 54 Jahre	334,39
55 bis 64 Jahre	285,06
Schultyp	
Pflichtschule	133,12
Lehre	154,88
BMS	282,89
AHS/BHS	237,63
Hochschule	492,50
Besiedelungsdichte	
dicht	338,25
mittel	283,93
dünn	224,54
Region	
Ostösterreich	324,33
Südösterreich	166,41
Westösterreich	244,94

Tabelle 4: Durchschnittliche private Ausgaben für non-formale Bildungsaktivitäten, in Euro (Quelle: AES 2011/2012 der Statistik Austria, 2013a)

6.1.5 Finanzierung durch Unternehmen

Die hohe Beteiligung der Arbeitgeber an den Kosten für die berufliche Weiterbildung lässt auf eine insgesamt hohe betriebliche Weiterbildungsaktivität schließen. Tatsächlich weist die letzte Erhebung zur betrieblichen Weiterbildung 2010 (CVTS4) nach, dass

87 Prozent der Unternehmen mit mindestens zehn Beschäftigten weiterbildungsaktiv waren. Beinahe neun von zehn Unternehmen ließen ihre Beschäftigten also innerhalb der bezahlten Arbeitszeit betriebliche Weiterbildungen besuchen oder bezahlten (ganz oder teilweise) Weiterbildungsaktivitäten außerhalb der Arbeitszeit. Die Gesamtkosten aller Unternehmen mit mindestens zehn Beschäftigten beliefen sich im Jahr 2010 auf etwa 1,4 Milliarden Euro. Davon entfielen 54 Prozent auf (um Förderungen und Zuschüsse korrigierte) direkte Kurskosten und ca. 46 Prozent auf Lohnausfallkosten. Förderungen und andere Einnahmen machten insgesamt gesehen nur 4 Prozent der Kosten aus. Zum überwiegenden Teil tragen Österreichs Unternehmen ihre Weiterbildungsausgaben demnach selbst. Größere Unterschiede ergeben sich hinsichtlich der Unternehmensgröße und der Branche. So gaben Unternehmen mit bis zu 50 Beschäftigen 1,1 Prozent der gesamten Personalkosten für Weiterbildungsmaßnahmen bzw. durchschnittlich knapp 1.500 Euro pro Teilnehmenden und 57 Euro pro Kursstunde (direkte und indirekte Kosten zusammengerechnet) aus. Bei Unternehmen mit mehr als 250 Beschäftigten hingegen wurden durchschnittlich 1,7 Prozent der Personalkosten, etwa 2.200 Euro pro Teilnehmenden und 76 Euro pro Kursstunde verausgabt (Statistik Austria, 2013b, S. 60 und 58). Ein branchenspezifisches Alleinstellungsmerkmal weist dabei der Bereich der Finanzdienstleistung auf: Hier wurden überdurchschnittliche 3,8 Prozent der Personalkosten für Weiterbildungsmaßnahmen ausgegeben, deutlich mehr als in allen anderen Bereichen sowohl des Dienstleistungssektors als auch des produzierenden Sektors (Statistik Austria, 2013b, S. 58). Mit beinahe 3.700 Euro Gesamtkosten der Weiterbildungskurse pro Teilnehmenden liegt der Finanzdienstleistungsbereich auch in diesem Bereich im „Spitzenfeld", wird aber immer noch übertroffen vom Papier- und Verlagswesen mit durchschnittlichen Kurskosten von etwa 4.600 Euro pro teilnehmender Person, von denen 2.700 Euro als direkte Kurskosten zu verbuchen sind. Im Vergleich dazu liegen die direkten Kurskosten pro Teilnehmenden im Textilgewerbe mit durchschnittlich 650 Euro deutlich niedriger (ebd., S. 60).

Unberücksichtigt bleiben dabei jene Kosten, die von Unternehmen mit weniger als zehn Beschäftigten – also etwa 90 Prozent aller Unternehmen in Österreich – für Weiterbildung getätigt werden. Vogtenhuber (2012) schätzt die gesamten Ausgaben dieser Unternehmen für das Jahr 2009 auf 187 Millionen Euro.

6.2 Nutzen

Die Frage nach dem Nutzen von Weiterbildung ist komplex. Prinzipiell sind zwei Perspektiven in den Blick zu nehmen, die jedoch eng miteinander verschränkt sind: Welchen Nutzen kann die Gesellschaft aus Erwachsenenbildung ziehen? Und was bringt Erwachsenenbildung der einzelnen Person? Es geht bei der Frage darum, simplen Kausalitätsbeziehungen mit Skepsis zu begegnen, ohne dabei offensichtliche Effekte zu leugnen, die es innerhalb gewisser Lebensstile und -praktiken gibt.

Die Datenlage in Bezug auf den Nutzen non-formaler und informeller Weiterbildung in Österreich ist begrenzt. Eine jüngere Untersuchung zum Nutzen von Kursen des Wirtschaftsförderungsinstituts ergab beispielsweise, dass für ein Fünftel der Absolventinnen und Absolventen die jeweilige Kursteilnahme ursächlich für eine Einkommenserhöhung von durchschnittlich 23 Prozent war (Schmid, 2008). Weitet man den Blick auf den Nutzen von Bildung allgemein, dann lassen sich durchaus vielfältige Vorteile beobachten. So wurde beispielsweise in 22 Ländern der EU erhoben, „dass im europäischen Durchschnitt Bevölkerungsgruppen mit niedrigem Bildungsabschluss im Vergleich zu jenen mit hohem Bildungsabschluss ein etwa zweifach erhöhtes Mortalitätsrisiko haben“ (Müllegger, 2015). Keine Zweifel bestehen auch in Bezug auf die Erwerbswahrscheinlichkeit. So waren 2014 in den 28 EU-Mitgliedsstaaten doch 82 Prozent der Absolventinnen und Absolventen des Tertiärbereichs beschäftigt, gegenüber 70 Prozent der Absolventinnen und Absolventen des Sekundarbereichs II und knapp über 50 Prozent derjenigen mit einer Ausbildung unterhalb des Sekundarbereichs II (in Österreich: 84%, 75%, 59%). Dabei nehmen geschlechtsspezifische Unterschiede hinsichtlich des Erwerbsstatus mit der höchst abgeschlossenen Bildung ab. Unumstritten ist auch, dass formale Bildungsabschlüsse mit der Arbeitsplatzzufriedenheit oder etwa der Fertilität korrelieren (Mendolicchio & Rhein, 2012), ebenso mit dem Engagement in politischen oder kirchlichen Institutionen (Statistik Austria, 2009a).

Neben mikro- und makroökonomischen Korrelationen spielen selbstverständlich auch subjektive Einschätzungen des Nutzens von eigenen Weiterbildungsaktivitäten eine wesentliche Rolle. Dazu liefert die 2014 abgeschlossene BELL-Studie (*Benefits of Lifelong Learning*), die vom Deutschen Institut für Erwachsenenbildung (DIE) koordiniert wurde, wichtige Erkenntnisse. Sie untersuchte in ausgewählten europäischen Ländern den Nutzen der Teilnahme an allgemeiner Weiterbildung und kommt – zugespitzt formuliert – zu dem Schluss: Erwachsenenbildung macht gesünder, glücklicher und selbstbewusster (DIE, 2014).

Für Österreich lassen sich ähnliche Befunde im Mikrozensus zum Lebenslangen Lernen 2003 und der Folgestatistik des AES 2007 und 2011/12 finden. Für 71 Prozent ergab sich nach eigener Aussage durch die Teilnahme an Weiterbildung eine Verbesserung der Beschäftigungssituation, lediglich 21 Prozent sahen wenig bis keine beruflichen Auswirkungen. Wenig überraschend korreliert dabei die Einschätzung des Nutzens mit den Erwartungshaltungen und den Motiven, die zur Weiterbildungsaktivität geführt haben (Statistik Austria, 2004a, S. 277). Auch vier Jahre später zeigte sich, dass 76,2 Prozent dem beruflichen Nutzen und 57,1 Prozent dem persönlichen Nutzen des eigenen Lernens zustimmten, wobei deutlich mehr Frauen als Männer und generell Personen mit hoher formaler Ausbildung in stärkerem Maße einen persönlichen Nutzen erkennen (Statistik Austria, 2007, S. 63). Weitere vier bis fünf Jahre später, in denen die bessere Ausübung des Berufs und die Verbesserung der Karriereaussichten als Motiv für die Teilnahme an nicht-formalen Bildungsaktivitäten weiter in den Vordergrund gerückt war, waren die non-formal erworbenen Erkenntnisse und Fähigkeiten für 94 Prozent der Befragten nützlich, für zwei Drittel davon sogar sehr nützlich. Hinsichtlich des Geschlechts und des formalen Bildungsniveaus gibt es hier interessanterweise wenig klare Unterschiede (Statistik Austria, 2013a, S. 83, 108).

Unter dem Begriff „Wirkungsforschung" wird in den letzten Jahren die Bedeutung der Erwachsenenbildung hinsichtlich des „Benefits" individueller, ökonomischer Rentabilität oder gesellschaftlichen Nutzens näher in Augenschein genommen. Für die weitere Forschung und Planung sollte bedacht werden, dass der Nutzen von Bildung und Weiterbildung mehrere Dimensionen hat, die miteinander zusammenhängen und gemeinsam ihre Wirksamkeit entfalten. Auf einen kurzen Nenner gebracht geht es um Teilhabe – Inklusion – Partizipation in Bezug auf die Gesellschaft und den Arbeitsmarkt. Mit der nachfolgenden Übersicht wird das Spektrum des Nutzens von Weiterbildung im Hinblick auf vier Dimensionen angedeutet (Abb. 7).

Gesellschaft	**Individuum**
o politische Teilhabe und Mitgestaltung o Bewältigung neuer Anforderungen o Inklusion o Umweltbewusstsein o Migration und Zusammenleben	o Nachholen von Grundbildung und Bildungsabschlüssen o Qualifikation und Kompetenzentwicklung für sozialen Aufstieg o Abwehr von Arbeitslosigkeit und Armut o Wissen, neue Kontakte, Lebensführung und Gesundheit o Persönlichkeitsentfaltung und Werte
Sozialer Wandel	**(Neue) Arbeitswelt**
o Kommunikation und Sprachen o soziale Verantwortung und Eigenverantwortung o Neuorientierung in einzelnen Lebensphasen o intergenerationales Zusammenleben	o Wandel des Berufs- und Tätigkeitsfeldes o Wechsel von beruflichen Tätigkeiten o Arbeit und Lebensform im Alter o Übergänge, Neustart/Neubeginn o Internationalisierung und Globalisierung

Abbildung 7: Die vier Dimensionen des Nutzens von Weiterbildung

Die österreichische Erwachsenenbildung gliedert sich allerdings aufgrund ihrer institutionellen Struktur in viele verschiedene Bereiche auf. *Berufliche* und *allgemeinbildende* Angebote finden sich häufig in separierten Einrichtungen, ebenso der Sektor *politische* Bildung oder der *konfessionelle* Bereich. Eine Umorientierung erfolgt langsam aufgrund der geringen personellen Ausstattung und zögerlich aufgrund der ideologischen

Festlegungen der Trägerinstitutionen. Die Frage nach Nutzen und Wirkung von Erwachsenenbildung könnte auch Anlass dafür geben, übergreifende Zielsetzungen von Angeboten der Weiterbildung zu überdenken. Eindimensionale Ziele sind kurzsichtig, weil sie die umfassenden Potenziale von Bildungs- und Lernprozessen bei Erwachsenen, nämlich individuelle Entwicklung und gesellschaftliche Entfaltung, nicht in ihrem Zusammenwirken fördern.

7. Angebote

Die Vielfalt des Angebots in der Erwachsenenbildung repräsentiert das Interesse an und den Bedarf nach Information, Wissen und Qualifikation. Es kommt darin der gesellschaftliche Wandel zu wissensbasierter Produktion und technologischer Zivilisation ebenso zum Ausdruck wie die sich daraus ergebenden individuellen Erwartungen an Bildung, Lernen und Wissen. In Beantwortung des Bildungsbedarfs finden zahlreiche Institutionen und Anbieter ihre Rechtfertigung und Existenz (Kap. 5). Bemerkenswerter Trend im Bildungssektor und somit auch im Bereich der Erwachsenenbildung ist es, dass Bildung nicht nur als privates, sondern auch als öffentliches Gut wahrgenommen wird. Die Höhe und Qualität von Bildungsabschlüssen und von Fortbildung wird mit der individuellen Chance am Arbeitsmarkt sowie mit der internationalen ökonomischen Konkurrenzfähigkeit in Zusammenhang gebracht. Darüber hinaus nehmen Angebote zu, die helfen sollen, den Alltag der Menschen zu bewältigen, Freizeit zu gestalten und Gesundheit und Lebenssinn zu finden. In jüngster Zeit stehen auch das Leben in einer Migrationsgesellschaft und die Chance, über Bildung Inklusion zu erzielen, im Mittelpunkt.

Mit den neoliberalen Tendenzen einer Ökonomisierung aller Lebensbereiche gehen in Österreich Entwicklungen einher, die auch im Bildungsbereich vielfach ökonomische Interessen in den Vordergrund rücken. Demzufolge werden vor allem solche Angebote forciert, für die die Teilnehmenden entsprechend erhöhte Finanzmittel aufbringen können und wollen. Kommerzielle Überlegungen beeinflussen das Angebot – auf dem sich mittlerweile etablierten Bildungsmarkt konkurrieren Bildungsunternehmen um „Kunden". Der Sprachgebrauch drückt auch den Wandel im Selbstverständnis der Erwachsenenbildung aus. Der individuellen und gesellschaftlichen Aufklärung verpflichtete Angebote treten zurück. Zunehmend kostenintensive Programme, die als Investition in die eigene Arbeitskraft und als unmittelbar ökonomisch verwertbar gelten, nehmen mehr Platz ein.

Gesellschaftliche Polarisierungs- und Spaltungstendenzen finden in der Erwachsenenbildung ihr Abbild und werden durch sie tendenziell verstärkt (Kap. 8). Gleichzeitig werden in die Bildungsarbeit mit Erwachsenen weiterhin Hoffnungen gesetzt: auf einen Ausgleich zwischen gesellschaftlichen Interessen, die Förderung demokratiepolitischer Teilhabe und den Ausbau des zivilgesellschaftlichen Engagements. Angebote der allgemeinen und kulturellen Erwachsenenbildung werden großteils von Personen konsumiert, die sich das aufgrund ihrer relativ guten sozialen Positionierung leisten können. Berufliche Fortbildung besuchen Personen, die im Rahmen ihrer betrieblichen Situation dazu veranlasst werden oder sich von einer solchen Investition in ihre Zukunft eine entsprechende Rentabilität versprechen. Angebote zur politischen Erwachsenenbildung fristen vielfach ein „Nischendasein".

7.1 Angebotsstruktur

Angebote in der Erwachsenenbildung weisen gegenüber schulischen Lernprozessen einige Unterschiede und Besonderheiten auf:

- Ein sehr weites Spektrum an Themen wird aufgegriffen.
- Eine Vielzahl an unterschiedlichen Lehr- und Lernformen sowie Lernorten und Veranstaltungsformen (vom selbstorganisierten Lernen über Bildungsreisen bis hin zu abschlussorientierten Kursen und Lehrgängen) wird abgedeckt.
- Verschiedene Menschen mit unterschiedlichen Ausbildungen sind im Handlungsfeld tätig.
- Die Finanzierung erfolgt zu einem beträchtlichen Teil durch die Teilnehmenden selbst.
- Die Angebote werden überwiegend freiwillig in Anspruch genommen.
- Angehörige unterschiedlicher Alters- und Berufsgruppen lernen zusammen.
- Im Mittelpunkt der Bildungsarbeit steht ein erfahrungs- und praxisorientiertes Lernen und weniger die reine Kenntnisvermittlung.

Konsens besteht darüber, dass es keine einheitliche Trennschärfe zwischen allgemeiner, beruflicher, kultureller und politischer Bildung gibt. Die historisch gewachsenen Strukturen der Erwachsenenbildung, vor allem ihre bisherige Finanzierungspraxis, stehen einer Integration der unterschiedlichen Bildungsbereiche eher entgegen. Dies entspricht jedoch weder den Bildungsbedürfnissen der Menschen noch den Anforderungen einer Gesellschaft im Wandel. Derzeit gibt es unterschiedliche Zugänge und Einteilungen, wie die Angebotsvielfalt in der Erwachsenenbildung inhaltlich strukturiert werden kann. Zu den wichtigsten gehören die Strukturierungen im *Adult Education Survey* 2009, dem „Mikrozensus – Lebenslanges Lernen" (2003) und der Kategorisierung nach *Education Austria Resource Directory* (eduArd). Bei eduArd handelt es sich um einen österreichweiten Suchservice für Bildungsangebote in der Erwachsenenbildung. Er bietet eine bundesweit anerkannte Strukturierung bzw. Suchkategorisierung an, die sich an die europäische PLOTEUS-Kategorisierung anlehnt. Die Kategorisierung nach eduArd differenziert sich in zehn Haupt- und mehrere Unterkategorien. Hauptkategorien sind:

1. Basisbildung/zweiter Bildungsweg
2. Gesellschaft/Politik/Wissenschaft
3. Sprachen
4. EDV/Internet

5. Persönlichkeit/Kommunikation
6. Lebensorientierung
7. Gesundheit/Wellness/Sport
8. Wirtschaft/Dienstleistungen
9. Kunst/Kreativität
10. Train the Trainer

Weitere Informationen: http://erwachsenenbildung.at/bildungsinfo/bildungsangebote/angebote

In den letzten Jahren wurden einige Anstrengungen unternommen, die Angebote der Erwachsenenbildung systematischer zu erfassen und forschungsgeleitet auszuwerten. Exemplarisch wurden anhand von zwei Bundesländern – Steiermark und Tirol – Landkarten zur Anbieter- und Angebotsstruktur erstellt. Die dabei gewonnenen Erkenntnisse können in ihren Grundzügen auf alle Bundesländer übertragen werden. Am Beispiel des Bundeslandes Tirol zeigt sich folgendes Bild:

> Die Erwachsenenbildung in Tirol ist quantitativ gut vertreten, bietet eine Fülle an verschiedenen Angeboten an und weist ein breites Leistungsspektrum auf. Es kann eine – historisch gewachsene – „Buntheit" konstatiert werden, die Vielfalt, Kreativität und Engagement einschlägiger Akteure widerspiegelt, deren Heterogenität aber auch keine wirkliche Strategie- und Schwerpunktbildung erkennen lässt. (…) Das Zentrum der Erwachsenenbildung liegt in der Landeshauptstadt Innsbruck – damit zeigt sich auch für Tirol der allgemein konstatierte Trend zur Konzentration auf Ballungsräume. (…) Insgesamt kann von einem landesweit hohen Sättigungsgrad der Themenbereiche „Persönlichkeit/Kommunikation" und „Lebensorientierung" gesprochen werden, die auch den ländlichen Raum dominieren. Ebenfalls gut vertreten ist der Themenbereich „Wirtschaft/Dienstleistungen", der allerdings weniger flächendeckend angeboten wird. Hier gibt es eine gewisse Konzentration in Innsbruck und dem Zentralraum. Gleichzeitig gibt es aber auch „weiße Flecken" in Bezug auf die Angebotsvielfalt. (…) Beispielsweise befinden sich Anbieter und Angebote im Bereich „Basisbildung/2. Bildungsweg", „Sprachen" und „EDV/Internet" eher im Zentralraum Innsbruck (Gruber et al., 2014, S. 237).

Weitere Informationen: wwwg.uni-klu.ac.at/ifeb/eb/PERLS_Ergebnisse_Endfassung_Nov2009.pdf
https://www.tirol.gv.at/fileadmin/themen/arbeit-wirtschaft/arbeit/arbeitsmarktfoerderung/downloads/Dateien_ab_2015/StudieMAP-EB_Tirol.pdf

Die PIACC-Studie (Statistik Austria, 2013c) legt nahe, dem Nachholen von Grundbildung mehr Aufmerksamkeit zu widmen (Kap. 8). Mangelnde Grundbildung und fehlender Pflichtschulabschluss bringen individuelle Schwierigkeiten am Arbeitsmarkt und Beeinträchtigungen für die Wettbewerbsfähigkeit als Wirtschaftsstandort – gleichzeitig entstehen damit demokratiepolitische Defizite und persönliche Versagenserfahrungen. Die Gründung der „Initiative Erwachsenenbildung" 2012, ein Kooperationsmodell zwischen dem damaligen Bundesministerium für Unterricht, Kunst und Kultur und den neun Bundesländern, soll hier entgegenwirken (Kap. 4). Auf Basis einer 2011 erlassenen sogenannten „15a Vereinbarung zwischen Bund und Ländern" werden ESF- und Bundesmittel für Bildungsangebote im Bereich Basisbildung und Nachholen des Pflichtschulabschlusses bereitgestellt. Für die Programmperiode 2015 bis 2017 wurden insgesamt 77 Millionen Euro veranschlagt. Ähnlich wie bei der Weiterbildungsakademie Österreich (wba) und dem Ö-Cert werden die Aktivitäten und die Qualitätssicherung der „Initiative Erwachsenenbildung" von einer zentralen Geschäftsstelle in Wien koordiniert.

Bei Erwähnung der Defizite ist aber nicht zu vergessen, was für ein reichhaltiges Bildungsangebot z.B. durch die seit Jahren erfolgreichen „Wiener Vorlesungen", die „Montagsakademie" der Universität Graz und viele andere Formate einer *Popular Education* angeboten werden (Kap. 10). Im Kulturland Österreich gibt es bildende Angebote durch Theater, Musik, Museen, Ausstellungen und Festivals während des ganzen Jahres – Angebote, die nicht belehren, sondern den Menschen ermöglichen, sich zu bilden. In vielfältiger Weise wird die Umwelt pädagogisiert: Weinlehrpfad, Waldlehrpfad, Naturpark und Tiergarten sind uns selbstverständlich geworden. Es stellt sich vielleicht unter demokratiepolitischen Aspekten die Frage, ob und wie in die bestehenden kulturellen Lernumwelten noch stärker naturwissenschaftlich-technologische und sozialpolitische Elemente einbezogen werden können, um den Mitgliedern unserer Gesellschaft vor sich gehende Entwicklungen zu erklären sowie die Chancen auf Mitbestimmung und Mitgestaltung zu erhöhen.

Aufgrund der demografischen Entwicklung sind die Entwicklung von Bildungsangeboten für ältere Menschen sowie intergenerationale Formate zu fördern. Die Teilnahmestatistiken weisen zurzeit einen Rückgang der Bildungsbeteiligung mit steigendem Alter aus. Doch sowohl für berufsorientierte als auch für allgemeinbildende Fortbildung sowie demokratiepolitische Bildung wächst der Bedarf. Nicht zuletzt wird das Verhältnis der Generationen selbst zu einem Thema von Erwachsenenbildung.

Dass Medien in elektronischer und gedruckter Form Unterhaltung, Information, Wissen und Weiterbildung bieten, erleben wir täglich. Der Radiopreis der Erwachsenenbildung, jährlich vergeben durch die Arbeitsgemeinschaft der Bildungshäuser, den Büchereiverband, den Verband Österreichischer Volkshochschulen und das Wirtschaftsförderungsinstitut, ist Ausdruck der Anerkennung für mediale Bildungsarbeit – Gleiches gilt für den Fernsehpreis. Darüber hinaus haben sich in den letzten Jahren viele neue E-Learning-Formate entwickelt. Dazu gehören MOOCS (Massive Open Online Courses) ebenso wie die seit letztem Jahr von Connedu angebotenen webTalks zu aktuellen Themen der Erwachsenenbildung. Mit der Digitalisierung des Bildungswesens ist das gesamte Angebot in starkem Wandel begriffen.

7.2 Politische Bildung

Um Angebote zum Thema Politische Bildung besonders zu fördern, wurden in den 1970er Jahren wichtige Schritte zu deren rechtlicher, finanzieller und struktureller Verankerung gesetzt. Das „Bundesgesetz vom 9. Juli 1972 über die Förderung der staatsbürgerlichen Bildungsarbeit der politischen Parteien" regelt die Förderung der politischen Bildungsarbeit der Parteien und verpflichtet diese, insofern sie im Parlament vertreten sind, politische Akademien zu gründen. Die in der Folge gegründeten politischen Akademien bilden mit ihren Angeboten und ihrem nicht unerheblichen Fördervolumen bis heute ein wesentliches, in der Öffentlichkeit jedoch viel zu wenig bekanntes Standbein politischer Erwachsenenbildung – vielleicht, weil die Angebote der im Sinne der Parteienförderung ins Leben gerufenen Institutionen großteils nur im Aufmerksamkeitskreis der jeweiligen Partei verbleiben.[9]

Der im „Bundesgesetz über die Förderung der Erwachsenenbildung und des Volksbüchereiwesens aus Bundesmitteln vom 21. März 1973" angeführte Themenkatalog weist die politische Bildung ausdrücklich als förderungswürdig aus.

1977 erfolgte die Gründung der Österreichischen Gesellschaft für Politische Bildung. Sieben Bundesländer – Burgenland, Niederösterreich, Oberösterreich, Salzburg, Steiermark, Tirol und Vorarlberg – zahlen Mitgliedsbeiträge ein, die vom Bund verdoppelt werden. Projektvorhaben werden in einer Höhe bis zu 4.500 Euro unterstützt und zwar nur in jenen Bundesländern, die Mitglied der Gesellschaft sind.

Die Förderrichtlinien lauten:

1. inhaltlich und methodisch innovativ sein,
2. zur politischen Urteilsfähigkeit und Mitbestimmung beitragen,
3. sich mit geltenden rechtlichen Rahmenbedingungen politischen Handelns auseinandersetzen,
4. die Fähigkeit zur Analyse politischer Strukturen und Prozesse fördern,
5. demokratisches Bewusstsein und demokratisches Handeln fördern,
6. sich mit der Durchsetzung der Menschenrechte befassen,
7. Themen internationaler Politik aufgreifen.

---

9 www.bka.gv.at/Docs/2006/2/3/parteiakademiefoerderung.pdf

Ein Vorteil dieser Art der Projektförderung oder -bezuschussung wird darin gesehen, dass dadurch Angebote in kleineren Gemeinden oder Städten zustande kommen, wo ansonsten über die Erwachsenenbildung keine politische Bildung durchgeführt würde.

WWW Weitere Informationen: www.politischebildung.at

Weitere wichtige Anstöße erhielt die politische Erwachsenenbildung seit Mitte der 1990er Jahre mit dem Beitritt Österreichs zur Europäischen Union. Dadurch konnte nicht nur die finanzielle Förderbasis verbreitert werden, auch neue thematische und konzeptionelle Impulse (u.a. *Civic Education*, *Citizenship Education*, Lernende Region) fanden Eingang in das Angebotsspektrum.

Die Homepage der Österreichischen Gesellschaft für Politische Bildung gibt Einblick in die aktuelle Angebots- und Anbieterstruktur: Zum einen überrascht, wie vielfältig, breit und differenziert das Feld der politischen Bildung für Erwachsene mittlerweile ist. Gleichzeitig entsteht aber auch der Eindruck einer Art „Fleckerlteppich“, der klare Konturen, Kompetenzen und Verbindlichkeiten vermissen lässt. Neben explizit ausgewiesenen Anbietern von politischer Bildung für Erwachsene finden sich viele Einrichtungen und Institutionen, die die politische Bildung als „beigeordnete Bildung“ (Gieseke, 2005) neben anderen „Dienstleistungen“ anbieten. Auffällig ist, dass es sich bei einer Vielzahl der aufgelisteten Veranstalter um aus Initiativen und Gruppen hervorgegangene, nicht-staatliche Projekte, Organisationen und Verbände handelt. Daneben werden auch öffentliche und halb-öffentliche Einrichtungen aufgeführt, deren Träger im Kreis der Interessenverbände, Kirchen und staatlichen Einrichtungen sowie der EU angesiedelt sind. Der Blick auf die Anbieter- und Angebotsstruktur lässt auch Rückschlüsse auf die geübte Förderpraxis zu: Diese ist, mit Ausnahme der gesetzlich geregelten Förderung der politischen Bildungsarbeit der Parteien (s.o.), geprägt durch Projektgelder, Ermessensausgaben und Zuwendungen aus diversen Budgets und Ressorts.

Stellt man die Frage: „Was heißt politische Bildung für Erwachsene heute?“, so muss man beachten, dass gesellschaftliche und pädagogische Prozesse Hand in Hand gehen. Es stellen sich Herausforderungen des demografischen Wandels, der Migration, der Internationalisierung und Globalisierung ebenso wie einer zunehmenden Ökonomisierung und Flexibilisierung weiter Lebensbereiche, die wiederum die Notwendigkeit der Biografisierung des Lernens verstärken. In der Folge zeichnet sich auch in der politischen Bildung ein Lernkulturwandel ab, der skizzenhaft mit den Stichworten Lebenslanges Lernen, Kompetenzansatz und neue Lehr- und Lernformen umrissen werden kann. Was kann politische Bildung in diesem Prozess bewirken? Sie kann sich einbringen, sie kann Räume und Personal zur Verfügung stellen, sie kann Menschen ein Stück weit auf ihrem Bildungsweg begleiten, sie kann zur Reflexion und zum Nachdenken anregen, sie kann Menschen stärken, sie darf auch motivieren, orientieren und die Lust an Diskussionen, auf Gespräche wecken, sie kann Kritik üben und zum Handeln auffordern. Pädagogisch entfaltet sie ihre Kräfte im Zuhören – Beobachten – Informieren, im Analysieren – Verstehen – Meinung bilden und im Eingreifen – Handeln. Sie kann sich Themen zuwenden, die Menschen im Hinblick auf aktuelle Herausforderungen interessieren und Anschlusslernen ermöglichen.

7.3 Bildungsinformation und Bildungsberatung

Die große Zahl und Vielfalt an Bildungsangeboten für Erwachsene begünstigt zwar die Möglichkeit der Weiterbildungsteilnahme, führt aber auch zu einer gewissen Unübersichtlichkeit und Intransparenz des Angebots. Zusätzlich erhöhen der sich rasch wandelnde Arbeitsmarkt sowie demografische Veränderungen, wie eine längere Arbeits- und Lebenszeit oder Migration die Bedeutung, breiten Bevölkerungsschichten Information und Beratung zu bildungs- und beschäftigungsbezogenen Fragen anzubieten.

Eine Möglichkeit, österreichweit nach Bildungsangeboten zu suchen, bietet die Bildungsdatenbank eduArd. Sie wird auf Basis regionaler Datenbanken erstellt und ist auf dem Portal *www.erwachsenenbildung.at* allgemein zugänglich. Auch spezielle Bildungsdatenbanken mit kurs-, bundesländer- oder bildungsgangspezifischer Ausrichtung ermöglichen es, aktuelle Bildungsinformationen einzuholen.

WWW Weitere Informationen: www.erwachsenenbildung.at/bildungsinfo/bildungsangebote/angebote_ueberblick.php

Historisch reicht die Berufs- und Bildungsberatung bis in die Zeit der Ersten Republik zurück, wo beispielsweise in den 1920er Jahren über die Stadt Wien erste Anstrengungen zur Information und Beratung für den Berufsein- und -umstieg unternommen wurden. Seit dem Ende der 1980er Jahre rückte die Bildungsinformation und -beratung stärker in den Fokus von Erwachsenenbildungseinrichtungen. Auch einige der damals noch bestehenden Förderstellen des Bundes für Erwachsenenbildung in verschiedenen Bundesländern erarbeiteten Beratungsangebote, Formate und Weiterbildungsmöglichkeiten für Bildungsberatende. Seit dem Beitritt zur Europäischen Union im Jahr 1995 nimmt Österreich aktiv an der Entwicklung und Gestaltung von *Lifelong Guidance* – wie Bildungs- und Berufsberatung im europäischen Kontext bezeichnet wird – teil. *Lifelong Guidance* wird in den europäischen Strategien als eine prozesshafte Dienstleistung konzipiert, die Bürgerinnen und Bürger nicht nur beim Eintritt ins Berufsleben, sondern auch im Erwachsenenalter bei der Gestaltung ihres Bildungs- und Berufswegs unterstützen und bestärken soll. Die Schaffung qualitativ hochwertiger und leicht zugänglicher Beratungsangebote findet sich seitdem in vielen EU-Empfehlungen – wie z.B. für die allgemeine und berufliche Bildung, die Aktionsprogramme und Empfehlungen zur Erwachsenenbildung, die Empfehlungen zur Validierung non-formalen und informellen Lernens sowie die Schaffung eines Europäischen sowie Nationalen Qualifikationsrahmens.

Die *Guidance-Resolution* der Europäischen Union aus dem Jahr 2008 definiert Beratung

> als einen kontinuierlichen Prozess, der den Bürgern jeden Alters in jedem Lebensabschnitt ermöglicht, ihre Fähigkeiten, Kompetenzen und Interessen zu erkennen, Bildungs-, Ausbildungs- und Berufsentscheidungen zu treffen und selbst ihren persönlichen Werdegang zu gestalten, sei es bei der Ausbildung, im Beruf oder in anderen Situationen, in denen diese Fähigkeiten und Kompetenzen erworben und/oder eingesetzt werden. Die Beratung umfasst ein Spektrum von individuellen und kollektiven Maßnahmen und beinhaltet Information, Ratschläge, Beurteilung von Fähigkeiten, Unterstützung sowie Vermittlung der für Entscheidungsfindung und Laufbahnberatung erforderlichen Kompetenzen (Rat der Europäischen Union, 2008, S. 4).

In Abstimmung mit den europäischen Strategien wurde in Österreich im Jahr 2005 unter Federführung des Bildungsministeriums eine nationale Strategie für Information, Beratung und Orientierung für Bildung und Beruf (IBOBB) gestartet. Zu deren programmatischen Zielen gehört die Implementierung von Grundkompetenzen zur Laufbahngestaltung in allen Curricula, die Professionalisierung der Berater und Trainer, die Qualitätssicherung und Evaluation von Angeboten, Prozessen und Strukturen sowie die Erweiterung des Zugangs zu Beratung. Die IBOBB-Strategie steht in enger Verbindung zur „LLL-Strategie zum lebensbegleitenden Lernen in Österreich" (Republik Österreich, 2011), die 2011 von der Österreichischen Bundesregierung verabschiedet wurde und *Lifelong Guidance* als eine von fünf strategischen Leitlinien zur Erreichung bildungspolitischer Ziele und Benchmarks ausweist. *Lifelong Guidance* ist niedrigschwellig, unabhängig und anbieterunabhängig anzubieten.

Die österreichische IBOBB-Angebotslandschaft ist ausdifferenziert und inhomogen. Bildungs- und Berufsberatungsangebote finden sich im schulischen und universitären Kontext, bei Arbeitsmarktbehörden, Interessenvertretungen, in Einrichtungen der Erwachsenenbildung sowie bei privaten Anbietern. Im Bereich der Erwachsenenbildung wurde 2011 die „Initiative Bildungsberatung Österreich" vom Bildungsministerium gestartet mit dem Ziel, ein flächendeckendes, leistungsfähiges regionales und zielgruppenspezifisches Bildungsberatungssystem aufzubauen, das kostenlose Beratung anbietet und eine breite Palette von Beratungsformaten umfasst. Die „Initiative Erwachsenenbildung Österreich" steht im Einklang mit den europäischen und nationalen

Strategien zum Lebenslangen Lernen und *Lifelong Guidance* und wird aus Mitteln des Europäischen Sozialfonds und des Bundes gefördert. Die Beratungsleistungen werden von Projektnetzwerken angeboten, die in jedem Bundesland gebildet wurden. Dabei versuchen mehr als 40 beratungsaktive Projektpartner jeweils spezifische Zielgruppen durch passende Beratungsangebote anzusprechen und koordinieren ihre Tätigkeiten. Es werden Einzel- und/oder Gruppenberatungen in verschiedenen Formaten und Settings angeboten: face-to-face, per Telefon, E-Mail oder online; in eigenen Beratungsräumlichkeiten, mobile oder aufsuchende Beratungsformen. Je nach Komplexitätsgrad sind die Beratungsformate stärker informationsbezogen, situationsbezogen oder biografie- und ressourcenorientiert, wie zum Beispiel die auf Kompetenzerfassung ausgerichtete Kompetenzberatung. Im Jahr 2012 verzeichnete die „Initiative Bildungsberatung Österreich" knapp 50.000 Beratungskontakte.

Wesentliche Grundsätze der Bildungsberatung Österreich sind:

- die Neutralität und Anbieterunabhängigkeit der Beratungsleistungen,
- die Orientierung an den Bedürfnissen und Erwartungen der Kundinnen und Kunden,
- die Gleichstellungsorientierung und
- die Qualitätssicherung der Leistungen.

Zu den aktuellen Zielen der „Initiative Bildungsberatung Österreich" zählt insbesondere das Erreichen bildungsbenachteiligter Erwachsener, um diesen einen besseren Zugang zum lebensbegleitenden Lernen zu ermöglichen, sowie die weitere Professionalisierung der Beratenden.

WWW Weitere Informationen: Götz, Haydn, & Tauber (2014) sowie www.lifelongguidance.at/qip/mm.nsf

8. Teilnahme

Genaue statistische Angaben über die Größenordnung der Teilnahme bzw. Beteiligung, wie in Schule oder Universität, gibt es im Bereich Erwachsenenbildung nicht. Das liegt an folgenden Faktoren:

- der differenzierten Struktur der österreichischen Erwachsenenbildung,
- unterschiedlichen Vorgehensweisen und Kriterien einschlägiger nationaler und internationaler Erhebungen,
- der Schwierigkeit, den verschiedenen Lernformen – formal, non-formal und informell – mit validen, vergleichbaren Messungen gerecht zu werden.

Die Statistik und Forschung über lernende Erwachsene, die sich oft nur auf die Zeit des Berufslebens (ab 18 oder 25 bis zu 65 Jahren) bezieht, ermöglichen aber Aussagen zu den Trends der Beteiligung. Damit öffnet sich auch der Blick auf das Problem der Nicht-Teilnahme. Nicht zuletzt bestätigen die bislang vorliegenden Daten die bekannten sozialen Ungleichheiten im Bildungswesen. Für eine evidenzbasierte Bildungspolitik stellt sich die Herausforderung, ein verlässliches Berichtssystem auszubauen und entsprechende Analysen und Forschungen zu fördern.

Besonderer Forschungsbedarf ergibt sich aufgrund der aktuellen Problemlagen bezüglich Beteiligung an Erwachsenenbildung für Flüchtlinge, Migranten und ältere Menschen.

Generell hat sich der Bildungsstand der 25- bis 64-Jährigen in den letzten Jahrzehnten in Österreich deutlich in Richtung höherer Abschlüsse verschoben. So wies 1981 beinahe die Hälfte der Bevölkerung als höchste Ausbildung einen Pflichtschulabschluss auf, 2001 war es mehr als ein Viertel, 2013 nicht einmal jeder Fünfte (19,2%). Im selben Zeitraum stieg der Anteil der Hochschulabsolventen von 3,9 Prozent (1981) auf 13 Prozent (2013), jener der Personen mit Sekundarabschluss von 49,5 Prozent auf 69 Prozent. Der europäischen Statistik zufolge hatten im Jahr 2013 beinahe 25 Prozent der 25- bis 34-Jährigen einen Hochschulabschluss, während dieser Anteil bei den 55- bis 64-Jährigen bei 16 Prozent lag (Statistik Austria, 2015c sowie 2015, S. 90).

8.1 Teilnahme an Weiterbildung

Die folgende Übersicht gibt die wesentlichen Ergebnisse der größeren statistischen Erhebungen der letzten Jahre wider. Aufgrund unterschiedlicher Messdesigns sind deren

Ergebnisse zwar nur bedingt vergleichbar, ein grobes Gesamtbild kann hier im Gegensatz zu vertiefenden Analysen dennoch geboten werden.

Gemäß dem ersten AES 2007 nahmen hochgerechnet bereits 1,8 Millionen Personen an non-formaler Weiterbildung teil.[10] Bei einer Beteiligungsquote von 39,8 Prozent fanden sieben von zehn Aktivitäten in Form von Kursen oder Vorträgen statt, insgesamt verbrachte die Hälfte der Befragten bis zu 45 Unterrichtsstunden mit non-formaler Weiterbildung. Auffallend hohe 80 Prozent aller Weiterbildungsaktiven nahmen an berufsbezogenen Angeboten teil, und fast die Hälfte aller Aktivitäten fand ausschließlich in der bezahlten Arbeitszeit statt. Interessanterweise wurde jedoch knapp über die Hälfte der Aktivitäten als zwar beruflich anwendbar, für den Beruf jedoch gar nicht notwendig betrachtet (Statistik Austria, 2009a, S. 103ff.).

Der zweite AES 2011/2012 belegte eine Beteiligungsquote an non-formaler Weiterbildung von 45,5 Prozent (bzw. 43% bei den 18- bis 24-Jährigen), was einer deutlichen Steigerung zu 2007 entspricht. Die Hälfte der rund 2,1 Mio. Teilnehmenden verbrachte in den zwölf Monaten vor der Befragung bis zu 32 Unterrichtsstunden in Bildungsaktivitäten, über 60 Prozent schätzten die eigenen Bildungsaktivitäten als sehr nützlich ein. Rund jede dritte Person hat an mindestens einer arbeitsbezogenen non-formalen Weiterbildung (Einzelschulung am Arbeitsplatz oder hauptsächlich aus beruflichen Gründen) teilgenommen, ein Viertel der Befragten war in der bezahlten Arbeitszeit weiterbildungsaktiv (Statistik Austria, 2013a, S. 20ff.).

Zwischen 2008 und 2009 wurden im Zuge der Zeiterhebung insgesamt 8.200 Personen gebeten, für die Dauer von 24 Stunden sämtliche Tätigkeiten zu protokollieren, die länger als 15 Minuten gedauert haben. Jeder Zehnte der 20- bis 39-Jährigen führte dabei Tätigkeiten in der Sparte „Schule, Weiterbildung“ an, selbiges taten 2,5 Prozent der 40- bis 59-Jährigen, ab einem Alter von 60 Jahren sind die Zahlen aufgrund der zu geringen Teilnahme nicht mehr ausgewiesen. Dabei sind deutliche geschlechtsspezifische Merkmale beobachtbar: Während insgesamt 13,1 Prozent der Frauen solche Tätigkeiten protokollierten, sind es nur 7,6 Prozent der Männer. Im Durchschnitt wandten sämtliche befragten 20- bis 39-Jährigen 34 Minuten für Schule und Weiterbildung auf, bei den 40- bis 49-Jährigen waren es fünf Minuten (Statistik Austria, 2009b, S. 123).

Zur Operationalisierung der Lissabonner Strategie wurde von der Europäischen Union ein einheitliches System von Strukturindikatoren erstellt, das der jährlichen ländervergleichenden Fortschrittsmessung dient. Der Strukturindikator „Lebenslanges Lernen“ als Teil des Strukturindikators „Beschäftigung“ misst den Anteil der an Aus- und Weiterbildungsmaßnahmen teilnehmenden Bevölkerung in den letzten vier Wochen vor Befragung im

10 Grundgesamtheit der Erwachsenenbildungserhebung (AES) ist die 18- bis 64-jährige Wohnbevölkerung in Österreich. Gemäß den zugrunde liegenden Definitionen von formaler und non-formaler Bildung sowie informellem Lernen werden weitgehend alle Formen institutionalisierter Aus- und Weiterbildung sowie nicht-institutionalisierter Lernaktivitäten systematisch erfasst.

Alter von 25 bis 64 Jahren. Für das Jahr 2014 ergab der Strukturindikator für Österreich einen Wert von 14,2 Prozent, zehn Jahre davor lag der Wert noch bei 11,6 Prozent. Im Jahr 2020 soll OECD-weit eine Quote von 20 Prozent erreicht werden, wobei Österreich bisher immer leicht über dem OECD-Schnitt lag (Statistik Austria, 2015d).

8.2 Motive und Themen

Die wesentlichen Motive für die Teilnahme an non-formaler Weiterbildung sind stark mit der Wissenskomponente verknüpft, werden doch die Erlangung von alltagsnützlichem Wissen und die Erweiterung von Wissen und Kenntnissen am häufigsten als ausschlaggebende Gründe genannt. Die bessere Berufsausübung und die Erhöhung der Karrierechancen stellen ebenfalls ein gewichtiges Motiv dar, wenn auch in geringerem Maße als 2007. Die meisten Teilnahmen 2012 fielen auf die Bereiche „Wirtschaft und Verwaltung" (15,6%), „Gesundheits- und Sozialwesen" (13,7%), „Dienstleistungen" (12,8%) und „Computerbedienung" (9,4%) (Statistik Austria, 2013a, S. 29).

Die wichtigsten Motive, an einer Weiterbildung teilzunehmen, finden sich in Abbildung 8 wieder.

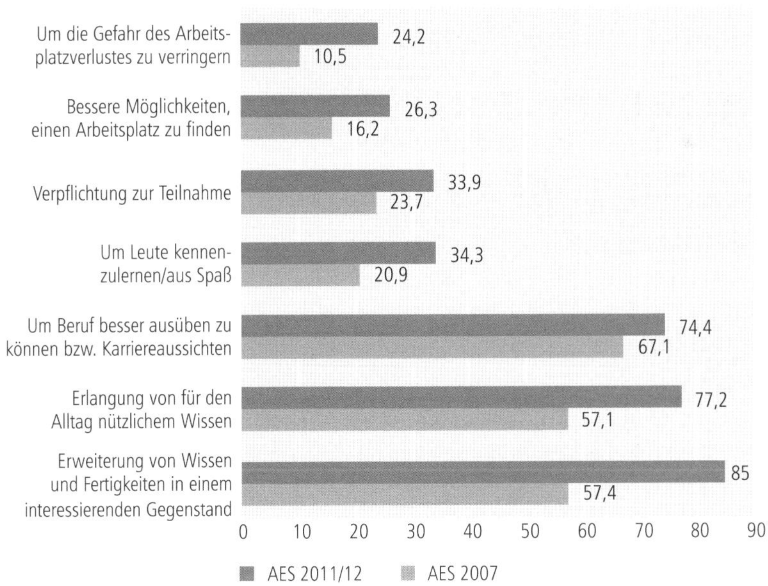

Abbildung 8: Motive für non-formale Bildungsaktivitäten 2007 und 2011/12, in Prozent (Quelle: Statistik Austria, 2009a, S. 108; Statistik Austria, 2013a, S. 76)

Im Folgenden werden Angebots- und Teilnahmezahlen für zwei Träger näher betrachtet.

KEBÖ-Verbände

Die zehn KEBÖ-Mitglieder (Kap. 5) veranstalteten 2014 insgesamt etwa 231.000 Veranstaltungen, davon 57 Prozent Kurse und 43 Prozent Kurzveranstaltungen. Hinzu kamen 25.000 Sonderveranstaltungen. Aufgrund der unterschiedlichen Strukturen, historischen Entwicklung und Zielsetzungen der KEBÖ-Mitglieder ist es nicht angebracht, Vergleiche zu ziehen. Allenfalls können Trends abgelesen werden. Seit dem Jahr 2000 liegt die Zahl der Teilnahmen[11] bei rund 2,8 bis 3,6 Millionen (2014: rund 4,4 Millionen), wobei die Spannbreite von ein bis zwei Millionen Teilnahmen bei Sonderveranstaltungen hier nicht inkludiert ist. Die meisten Angebote gab es 2013 in den Bereichen „Wirtschaft und Dienstleistung“ (24,5%), „Sprachen“ (16,5%) und „Gesundheit, Wellness, Sport“ (15,4%). Auch bei den Teilnahmen weisen diese Bereiche die größten Anteile aus, allerdings sticht hier zusätzlich die hohe Beteiligungsquote von 20,5 Prozent im Bereich „Gesellschaft, Politik, Wissenschaft“ bei einem 14-prozentigen Angebotsanteil dieses Bereichs heraus. Rund 480.000 aller Teilnahmen entfallen auf die Volkshochschulen, die auch die meisten Veranstaltungen anbieten. Während hier die Teilnahmen seit 2000/01 in etwa gleichbleibend sind, gibt es deutliche Unterschiede hinsichtlich der Fachbereiche. Die zum Teil markanten Teilnahmerückgänge in beruflichen bzw. berufsorientierten, kreativ-gestalterischen und politisch-kulturellen Kursen wurden durch deutliche Zunahmen in den beiden Fachbereichen „Gesundheit und Bewegung“ und „zweiter Bildungsweg“ kompensiert (Bisovsky, Verband Österreichischer Volkshochschulen, & Pädagogische Arbeits- und Forschungsstelle, 2015; Vater & Zwielehner, 2014).

Donau-Universität Krems

Im Wintersemester 2015/16 waren nach Angabe der Donau-Universität Krems 8.696 Studierende gemeldet, im Jahr 2005 waren es noch 3.228. Das vergleichsweise hohe Durchschnittsalter von knapp 40 Jahren und die deutlich ausgeprägte Berufserfahrung der Studierenden (37% sind seit über 15 Jahren berufstätig) weisen auf die qualifikationsbezogene Spezifik der Universität hin. Knapp die Hälfte aller Studierenden im Wintersemester 2015/16 entfiel auf die Fakultät für Gesundheit und Medizin.

---

11 Wegen möglicher mehrfacher Teilnahmen ein und derselben Person an unterschiedlichen Veranstaltungen entspricht das nicht der Zahl der tatsächlich teilgenommenen Personen.

8.3 Soziale Merkmale

Erwerbstatus

Die Ergebnisse des AES 2011/12 belegen den signifikanten Einfluss des Erwerbsstatus auf die Beteiligung an non-formaler Bildung. Während sich mehr als die Hälfte (52%) der befragten Erwerbstätigen weiterbildeten, lag die Weiterbildungsquote unter den befragten Arbeitslosen bei 38 Prozent, jene unter den Nicht-Erwerbspersonen bei 26 Prozent. Für die durchschnittlich 32 vorwiegend in Seminaren und Workshops verbrachten Stunden gaben Erwerbstätige im Schnitt etwa 270 Euro aus, Nicht-Erwerbspersonen bezahlten im Schnitt rund 290 Euro für durchschnittlich 25 Stunden Weiterbildung, die vorwiegend in Kursen und Privatunterricht stattfanden. Demgegenüber stehen durchschnittlich 120 hauptsächlich in Kursen verbrachte Stunden der Arbeitslosen, die dafür im Schnitt 160 Euro aufbrachten. Unabhängig von der bisherigen Weiterbildungsbeteiligung und trotz der vergleichsweise niedrigeren Einschätzung des Nutzens unter den Arbeitslosen, ist deren Absicht zu weiteren Aktivitäten deutlich höher ausgeprägt als bei Erwerbstätigen und Nicht-Erwerbspersonen. Dementsprechend suchten 34 Prozent der befragten Arbeitslosen, 25 Prozent der Erwerbstätigen und lediglich 13 Prozent der Nicht-Erwerbspersonen nach Aus- und Weiterbildungsinformationen.

Alter

Die deutliche Korrelation von Erwerbsstatus und Weiterbildungsbeteiligung bringt es mit sich, dass der mit zunehmendem Alter deutlich sinkenden Erwerbstätigenquote[12] eine Senkung der Weiterbildungsbeteiligung entspricht. Allerdings kann man hier nicht von einem kontinuierlichen Verlauf sprechen, vielmehr nimmt die Teilnahmequote der 55- bis 64-Jährigen (35,2%) im Vergleich zu jener der 45- bis 54-Jährigen (47,7%) abrupt ab. Mit Blick auf die detaillierter ausgewiesene Erwerbstätigenquote kann vermutet werden, dass innerhalb dieser Altersgruppe die Beteiligung der 60- bis 64-Jährigen an non-formaler Weiterbildung besonders niedrig ausfällt. Verstärkt wird der altersbezogene Trend durch die bereits erwähnte Tendenz zur Höherqualifizierung, die bekanntlich deutlichen Einfluss auf die Teilnahme an Weiterbildung hat, und durch die Dominanz beruflicher Begründungsmuster für die Weiterbildungsaktivität, die bei sinkender Erwerbstätigenquote schlicht mit Legitimationsproblemen verbunden ist. Wenig verwunderlich spielen daher berufliche und arbeitsplatzbezogene Motive bei der Gruppe der 55- bis 64-Jährigen eine marginale Rolle, Wissenserwerb und -vertiefung, soziale Kontakte und Spaß stehen dagegen stärker im Vordergrund.

In Bezug auf arbeitsbezogene non-formale Bildungsaktivitäten hängt die Bedeutung des Alters stark von der formalen Ausbildung ab. So fällt die Teilnahme in diesem

---

12 Im Jahr 2014 lag die Erwerbstätigenquote unter den 60- bis 64-Jährigen bei 23,3 Prozent, jene der 35- bis 44-Jährigen im Vergleich dazu bei 85,4 Prozent.

Bereich bei Männern mit Lehrabschluss ab 55 Jahren, bei Frauen mit Lehrabschluss ab 44 Jahren deutlich zurück. Bei Personen mit Universitätsabschluss liegen die gesamten Teilnahmequoten deutlich höher, hier steigen sie zudem bei Männern und Frauen (wenngleich in unterschiedlichem Maße) zwischen 35 und 55 Jahren, um ab dem 55. Lebensjahr relativ stark zu sinken. Insgesamt betrachtet liegt bei den arbeitsbezogenen Bildungsaktivitäten non-formaler Natur der 25- bis 54-Jährigen eine Beteiligungsquote von rund 35 Prozent vor, jene der 55- bis 64-Jährigen liegt im Vergleich dazu bei etwa 19 Prozent (Statistik Austria, 2013a, S. 80)

Zur Weiterbildungsbeteiligung von Personen ab dem 65. Lebensjahr gibt es kaum belastbare Daten. Im Bundesplan für Seniorinnen und Senioren des Bundesministeriums für Arbeit, Soziales und Konsumentenschutz (BMASK) wird grob davon ausgegangen, dass etwa 6 Prozent der über 60-Jährigen regelmäßig Kurse und Schulungen besuchen (BMASK, 2013).

Geschlecht

Im Jahresdurchschnitt 2014 nahmen rund 670.000 Personen zwischen 15 und 64 Jahren an Kursen und Schulungen teil, das entspricht einem Anteil von 16,6 Prozent aller 15- bis 64-Jährigen Erwerbstätigen. 54,5 Prozent der Kurse und Schulungen waren vorwiegend beruflicher Natur, 45,5 Prozent vorwiegend privat (Statistik Austria, 2015e).

Die folgende Tabelle 5 weist dabei die geschlechtsspezifischen Unterschiede auf. Der Anteil der Frauen ist nicht nur innerhalb der gesamten Weiterbildungsbeteiligung größer als jener der Männer, sondern auch verhältnismäßig zur Erwerbsbevölkerung. Innerhalb der vorwiegend privaten Kurse und Schulungen dominieren die Teilnehmerinnen (62%), während bei vorwiegend beruflichen Kursen und Schulungen ein geschlechtlich ausgeglichenes Teilnehmerfeld besteht. Markante Unterschiede zwischen den Geschlechtern gibt es hier aber in der Präferenz: Während Männer den Großteil ihrer Kurse und Schulungen in erster Linie für berufliche Zwecke nutzten, stand bei Frauen der private Aspekt im Vordergrund. Auffallend ist zudem, dass berufliche Kurse und Schulungen für Männer deutlich häufiger ausschließlich während der Arbeitszeit als außerhalb stattfanden, während für Frauen dies weniger der Fall ist.

	insgesamt	**davon Frauen**	**davon Männer**
in Tsd.	669,8	373,6	296,2
in Prozent	100 %	55,8 %	44,2 %
vorwiegend beruflich	54,6 %	50,7 %	49,3 %
davon nur während der Arbeitszeit	45 %	21 %	28,5 %
davon nur außerhalb der Arbeitszeit	29 %	18 %	13,6 %
vorwiegend privat	45,4 %	61,9 %	38,1 %

Tabelle 5: Teilnahme an Kursen und Schulungen, Jahresdurchschnitt 2014 (Quelle: Statistik Austria, 2015e)

Im Bereich der non-formalen Weiterbildung lag die Beteiligungsquote der teilnehmenden Männer über jener der Frauen (46,2% zu 44,8%). Verantwortlich für diese Differenz zugunsten der Männer war ausschließlich die Beteiligung an Einzelschulungen am Arbeitsplatz. An Kursen, Workshops, Seminaren, Vorträgen und Privatunterricht – und somit allen anderen abgefragten Ausbildungsarten – beteiligten sich Frauen hingegen häufiger als Männer. Interessant ist ein Blick auf die Gründe für die Beteiligung. Während Frauen häufiger den Spaß und das Kennenlernen anderer Leute als Begründung nannten, begründeten Männer ihre Teilnahme häufiger berufsbezogen, sowohl offensiv im Sinne einer besseren Berufsausübung als auch präventiv im Sinne einer Risikominderung des Arbeitsplatzverlustes. Für non-formale Bildungsaktivitäten bezahlten Frauen durchschnittlich 80 Euro pro Jahr mehr als Männer, deren Kosten für formale Bildungsaktivitäten demgegenüber um 180 Euro über den Ausgaben der Frauen lagen. Unterschiede gibt es darüber hinaus bei der Auswahl der Anbieter von Weiterbildung. So wurden das reguläre Bildungswesen (Schule, Fachhochschule, Universitäten) und Privatpersonen als Anbieter häufiger von Frauen genutzt, während Männer vermehrt an Weiterbildungsangeboten der eigenen Arbeitgeber teilnahmen (Statistik Austria, 2013a).

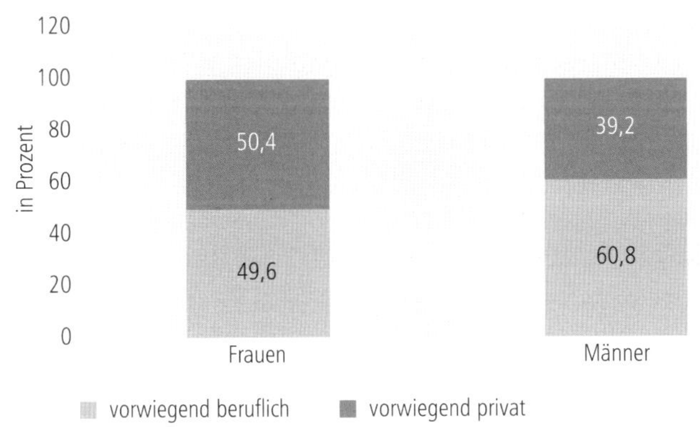

Abbildung 9: Weiterbildungsbeteiligung 2014, nach Präferenz und Geschlecht (Quelle: Statistik Austria, 2015e)

Volkshochschulen sind in Österreich hinsichtlich der Teilnahmen klar weiblich strukturiert. So fielen im Arbeitsjahr 2013/14 rund 75 Prozent aller Teilnahmen an den Veranstaltungen der Volkshochschulen auf Frauen, was u.a. mit der dominanten Stellung gesundheits- und bewegungsorientierter bzw. sprachlicher Angebote im Programm zusammenhängt. Die spezifischen Differenzen der einzelnen Bundesländer sind dabei teilweise beträchtlich. Zwischen Wien mit der höchsten Männerquote (29%)

und Steiermark mit der niedrigsten Männerquote (17%) liegen immerhin 12 Prozentpunkte (Vater & Zwielehner, 2015). Der Frauenanteil aller 4,3 Millionen Teilnahmen an den KEBÖ-Veranstaltungen (Sonderveranstaltungen und Veranstaltungen des Büchereiverbands Österreich ausgenommen) lag 2013/2014 bei 60 Prozent, eine höhere Beteiligungsquote der Männer wiesen das Berufsförderinstitut (BFI), das Ländliche Fortbildungsinstitut (LFI), die Volkswirtschaftliche Gesellschaft Österreich, der Verband Österreichischer Gewerkschaftlicher Bildung (VÖGB) und das Wirtschaftsförderungsinstitut (WIFI) auf. Die höchste Beteiligungsquote der Männer gab es im Arbeitsjahr 2013/14 im Fachbereich „Wirtschaft und Dienstleistungen" mit 58 Prozent, die höchste Frauenquote wiederum im Fachbereich „Gesundheit, Wellness, Sport" mit 85 Prozent (Vater & Zwielehner, 2014, 2015).

Bildungsabschluss

Im Jahresdurchschnitt 2014 nahmen 19,8 Prozent der Bevölkerung ab 15 Jahren mit Universitäts- und Hochschulabschluss an Kursen und Schulungen teil, bei Personen mit AHS/BHS-Abschluss lag die Quote bei 11,7 Prozent, mit BMS-Abschluss bei 9,3 Prozent, mit Lehre bei 6,7 Prozent, mit Pflichtschulabschluss bei 5,8 Prozent (Statistik Austria, 2015f). Der Strukturindikator „lebenslanges Lernen" der 25- bis 64-Jährigen liegt bei Personen mit Pflichtschulabschluss 26 Prozentpunkte unter jenem von Personen mit Hochschulabschluss (30,9%). Dem AES 2011/12 zufolge nahmen hochgerechnet rund 170.000 Personen mit Pflichtschulabschluss an non-formaler Weiterbildung teil, was einem Anteil von 23,5 Prozent entspricht. Im Vergleich dazu war die Hälfte der befragten Personen mit BMS-, und AHS/BHS-Abschluss weiterbildungsaktiv, unter den Universitäts- und Hochschulabsolventen lag die Quote bei 68,9 Prozent (rund 506.000 Personen). Nach Angebotsformen differenziert weisen Kurse keine besondere Abhängigkeit von der vorhandenen Schulbildung der Teilnehmenden auf, während die Teilnahmequote an Seminaren, Workshops und Vorträgen diesbezüglich erwartungsgemäß positiv korreliert. Das Risiko eines Arbeitsplatzverlustes, die Arbeitsplatzfindung und die Verbesserung der Berufswechselchancen bei Personen mit Pflichtschulabschluss sind als Gründe für die Weiterbildung deutlich höher im Kurs als für Hochschulabsolventen (Statistik Austria, 2013a).

Die Wahl des Bundeslandes, die Besiedelungsdichte der Wohnregion, die eigene Staatszugehörigkeit und finanzielle Möglichkeiten bilden ebenso entscheidende Markierungen innerhalb des parzellierten Teilnahmefeldes.

Nicht-Teilnahme

Der AES 2011/12 konstatiert, dass rund 52 Prozent aller befragten Personen in den letzten zwölf Monaten vor der Befragung weder an formaler noch an non-formaler Bildung teilgenommen haben. Unter den Personen mit Pflichtschulabschluss als höchster abgeschlossener Schulbildung liegt dabei die Quote mit 70 Prozent deutlich über dem Schnitt. Allgemein liegt die Teilnahmequote unter Männern, Personen ab dem 55. Lebensjahr und Personen, die nicht im Besitz einer österreichischen Staatsbürgerschaft sind, mitunter deutlich unter den Durchschnittswerten der Vergleichsgruppen. Die vier am häufigsten genannten Hindernisse sind:

- Unvereinbarkeit mit familiären Verpflichtungen (12,9%): Erwartungsgemäß sind Frauen (17,5%) davon in weit stärkerem Ausmaß betroffen als Männer (8,2%), Personen mit Pflichtschulabschluss und Personen mit Lehrabschluss hingegen weniger als Personen mit anderen Schulabschlüssen.
- Unvereinbarkeit mit Arbeitszeiten (11,8%): Die Bedeutung dieses Hindernisses steigt mit der „Höhe" der abgeschlossenen Schulbildung und trifft Frauen etwas stärker als Männer.
- Kein passendes Angebot in der Nähe (7,7%): Hiervon sind Arbeitslose (12,4%) ungleich stärker betroffen als Erwerbspersonen (7,9%) und Nicht-Erwerbspersonen (6,3%).
- Ausbildung zu teuer (7,2%): Zu hohe Ausbildungskosten stellen erwartungsgemäß für Arbeitslose (25,5%) eine weit höhere Hürde dar als für Erwerbspersonen (6,1%). Auch sind davon Frauen gegenüber Männern bzw. Absolventinnen und Absolventen von höheren Schulen und Hochschulen gegenüber Personen mit Lehr- oder Pflichtschulabschluss stärker betroffen (Statistik Austria, 2013a, S. 88).

Auch zu dieser Thematik bedarf es weiterer intensiver Forschung, wie sie z.B. von Holzer (2004, 2015) durchgeführt wird.

8.4 PIAAC-Daten für Österreich

Mit der Teilnahme am *Survey of Adult Skills* im Zuge der von der OECD initiierten PIAAC-Studie wurden erstmals österreichweit Daten zum Erwerb und zur Nutzung von grundlegenden Kompetenzen der 16- bis 65-Jährigen erhoben (Statistik Austria, 2013c). Zwischen August 2011 und März 2012 nahmen 5.130 Personen an den Erhebungen zur Lesekompetenz, zur alltagsmathematischen Kompetenz und zur Problemlösungskompetenz im Kontext neuer Technologien teil. Einzigartig an der Studie ist in erster Linie das Interesse für alltagsnahe Problemlösungen, womit das Spektrum an weiterbildungsrelevanten Fragen im Vergleich zu Studien, die in erster Linie an formalen Gesichtspunkten einer vorhandenen (Erst-)Ausbildung orientiert sind, erweitert wird. Neben der Studie liegen mittlerweile umfassende und interessante Analysen vor (Statistik Austria, 2014b; Lassnigg & Schmid, 2014), denen der öffentliche wie auch bildungspolitische Diskurs noch Rechnung tragen muss.

Folgende Hauptergebnisse wurden konstatiert: Österreichs Erwachsene (16- bis 65-Jährige) zeigen überdurchschnittliche Kompetenzen in der Alltagsmathematik, unterdurchschnittliche Leistungen im Bereich Lesen und mittelmäßige Resultate im Problemlösen im Kontext neuer Technologien. Österreichs junge Erwachsene (16- bis 24-Jährige) zeigen in der Alltagsmathematik überdurchschnittliche Leistungen und erzielen in den beiden anderen Kompetenzbereichen Lesen und Problemlösen mittelmäßige Ergebnisse (Statistik Austria, 2013c, S. 71).

Eine niedrige Schulbildung, eine andere Erstsprache als Deutsch, ein höheres Alter und Eltern mit niedrigem Bildungshintergrund sind relevante Einflussfaktoren darauf, zur Gruppe mit nur niedrigen Lesekompetenzen zu zählen (ebd., S. 42).

Auf den ersten Blick bestätigt PIAAC: Personen mit niedriger formaler Ausbildung, Personen mit einer anderen Erstsprache als Deutsch, ältere Personen, arbeitslose Personen und Personen, deren Eltern über einen niedrigen Bildungsgrad verfügen, weisen vergleichsweise niedrigere Kompetenzwerte auf und nehmen mit geringerer Wahrscheinlichkeit an Weiterbildung teil.

Ein zweiter Blick ermöglicht differenziertere Einsichten. Exemplarisch zu nennen sind dabei:

- In den höchsten Lesekompetenzstufen (4 und 5) befinden sich in Österreich nur 8,4 Prozent der Erwachsenen. Das entspricht rund 475.000 Österreichern im Alter von 16 bis 65 Jahren. Mit 11,8 Prozent ist der Anteil im Durchschnitt aller teilnehmenden OECD-Länder signifikant höher.
- In Österreich haben rund eine Million Personen gravierende Probleme mit Texten aller Art (Kompetenzstufen < 1 und 1), d.h. sie besitzen höchstens ein Basisvokabular, können Informationen im Text nur dann erkennen, wenn sie synonym in der Aufgabenstellung erwähnt wurden und verstehen den Sinn von Texten lediglich unter weitgehendem Verzicht auf Widersprüche oder komplexere Satzstrukturen. Sie sind dadurch in Beruf und Alltag benachteiligt.
- Die Größenordnung jener Risikogruppe, die in allen drei getesteten Kompetenzen niedrige Werte erzielt hat, entspricht rund 640.000 Personen (11,4%). Auffallend ist dabei der höhere Frauenanteil und der höhere Anteil an Älteren innerhalb der Risikogruppe – bei Frauen liegt der Bedarf stärker in den Bereichen Alltagsmathematik und IKT. Sechs von zehn Personen der Risikogruppe sind im täglichen Arbeitsleben mit Anforderungen konfrontiert, für die sie zumindest teilweise nicht die erforderlichen Kompetenzen aufbringen.
- Die Unterschiede bei den Mittelwerten zwischen Personen mit Pflichtschulabschlüssen und Personen mit anderen Abschlüssen sind zwischen den älteren Personen durchgehend geringer als zwischen den jüngeren Personen. Sollte die Weiterbildungsbeteiligung in Kombination mit einer stärkeren Anerkennung von Kompetenzen auch in Zukunft ungleich verteilt sein, besteht die Gefahr, dass die bildungs-

spezifischen Differenzen zukünftig auch zwischen den älteren Personen größer ausfallen, Ungleichheit also durch Weiterbildung reproduziert wird.

- Interessanterweise sind jene Personen, die keinen akuten Bedarf an Weiterbildungsaktivitäten geäußert haben, dennoch zu 41 Prozent in non-formalen, zu 2 Prozent in formalen und zu 4 Prozent in beiden Bildungsformen aktiv.

Eine besondere Bedeutung der PIAAC-Studie liegt darin, dass sie Anregungen gibt, die schon zu Beginn des Kapitels erwähnte Forschungslage zu verbessern. Weitere Daten und Erkenntnisse helfen das Feld der Erwachsenenbildung hinsichtlich der Bedürfnisse der Teilnehmenden besser zu analysieren und bedarfsgerechte Angebote zu entwickeln.

9. Personal und Professionalisierung

Die Erwachsenenbildung ist durch große Vielfalt und Heterogenität in den Zugängen, Institutionen, Strukturen, Aufgaben und Angeboten gekennzeichnet. Damit unterscheidet sie sich grundlegend vom öffentlichen Bildungswesen in Schulen und Hochschulen. Dementsprechend heterogen und vielfältig ist auch das Berufsfeld. Den oder die Erwachsenenbildner/in gibt es nicht, dafür existieren viele verschiedene Tätigkeitsbezeichnungen wie „Trainer/in“, „Coach“, „Moderator/in“, „Kursleiter/in“, „Berater/in“, „Weiterbildungsmanager/in“, „Lernbegleiter/in“ in ganz unterschiedlichen Handlungsfeldern.

Neben einer in den letzten drei Jahrzehnten wachsenden Zahl an hauptberuflich Tätigen[13] gibt es einen hohen Anteil an nebenberuflichen und ehrenamtlichen Mitarbeitenden. Daraus resultieren Vor- und Nachteile: Für die Institutionen ist damit ein hohes Maß an Flexibilität verbunden. Die nebenberuflichen Mitarbeitenden haben zumeist eine hohe Fachexpertise und eine gute Motivation. Nachteil sind eine tendenziell geringe Identifikation mit der Institution und dem Nebenberuf sowie eine hohe Fluktuation und ein ausgeprägter Bedarf an erwachsenenpädagogischer (Nach-)Qualifizierung. Gleichzeitig ist eine „stille Akademisierung“ (Gruber, 2006) des Berufsfeldes durch den Eintritt von Universitätsabsolventinnen und Universitätsabsolventen der Erwachsenenbildung in den Arbeitsmarkt zu verzeichnen (Kap. 10).

Die Zahl der in der Erwachsenenbildung repräsentierten Quellberufe und Abschlüsse ist sehr groß. Im ausdifferenzierten Praxisfeld gibt es viele unterschiedliche Berufskulturen. Prekäre Tätigkeitsbereiche sind keine Seltenheit. Bis heute gibt es keinen geregelten Zugang zu einer beruflichen Tätigkeit in der Erwachsenenbildung/Weiterbildung und keine gemeinsame Grundausbildung, auch wenn in den letzten zwei Jahrzehnten große Anstrengungen für die Entwicklung eines beruflichen Selbst- und Aufgabenverständnisses unternommen wurden. Der gesellschaftliche Wandel und die Bedeutungszunahme der Erwachsenenbildung führen auch weiterhin zu einer Ausdifferenzierung und Entgrenzung des Berufs- und Handlungsfeldes.

---

13 Ein erster wichtiger Professionalisierungsschub erfolgte 1984 infolge der erhöhten Lehrerarbeitslosigkeit mit der Aktion „Stellenlose Lehrer in der Erwachsenenbildung“, die nach dem Initiator, dem damaligen Minister für Unterricht und Kunst, Helmut Zilk als sogenanntem „Zilk-Lehrer“ bezeichnet wurden. Durch Personalsubventionen des Ministeriums gelang es, den Anteil der hauptberuflich Tätigen durch junge Akademiker wesentlich zu erhöhen. Um 1990 folgte dann eine weitere ähnliche Aktion – „Qualifizierte pädagogische Mitarbeitende für die Erwachsenenbildung“ (Filla, 2014, S. 170).

9.1 Professionalität und Professionalisierung

Das Berufsfeld der Erwachsenenbildung weist gegenüber anderen Berufen und Professionen im Bildungsbereich eine späte Professionalisierung auf. Auf eine Kurzformel gebracht meint „Professionalität" die Abgrenzung einer Tätigkeit vom bloßen Laientum. In der Praxis bedeutet das, situationsadäquat kompetent und reflektiert erwachsenenpädagogisch handeln zu können. Erwachsenenpädagogische Professionalität basiert auf Deutungen, Diagnosen und Interpretationen; sie ist nichts Abgeschlossenes, sondern sie muss sich als Kompetenz immer wieder bewähren und neu entwickeln (Nittel, 2000, S. 85). Dies setzt wissenschaftliches Grundlagenwissen, praktische Erfahrungen und ein hohes Maß an Reflexionsfähigkeit voraus. In der Regel werden die Grundlagen dafür in einer akademischen Ausbildung gelegt, wobei die Erwachsenenbildung aufgrund ihrer historischen Entwicklung und der tätigkeitsspezifischen Ausgangssituation neben der Möglichkeit einschlägiger Studien vor allem eine Vielzahl anderer Qualifizierungswege anbietet.

„Professionalisierung" verweist schon im Wort auf etwas Dynamisches, sich permanent Entwickelndes – sie zielt sowohl auf Personen als auch auf Strukturen ab. Allgemein steht Professionalisierung für den Prozess der Verberuflichung. In der Erwachsenenbildung wurde damit ab den 1970er Jahren vor allem die Verwissenschaftlichung und Ausdifferenzierung des pädagogischen Berufsfeldes verbunden. Damit sollte die Bildung und insbesondere die Erwachsenenbildung auf Augenhöhe mit den wesentlich anerkannteren Professionen wie Ärzten und Juristen gebracht werden. Tatsächlich stellt sich die aktuelle Situation der Verberuflichung komplex dar.

Es gibt zwei gegenläufige Tendenzen im Beschäftigungsfeld für Erwachsenen- und Weiterbildner: einerseits Tendenzen der Entberuflichung durch eine Vielfalt an Angeboten und Tätigkeiten, die sich schon in der Vielzahl der Bezeichnungen der erwachsenenpädagogischen Handlungsfelder niederschlägt. Oft sind sie gepaart mit prekären, unsicheren Arbeitsverhältnissen und in einigen Bereichen mit einer extremen Unterdotierung, die zwar keine neuen Phänomene in der Erwachsenenbildung darstellen – sie nehmen aber tendenziell zu. Andererseits ist Druck in Richtung Verberuflichung wahrzunehmen, der aus der bedarfsbedingten Vergrößerung des Berufsfeldes respektive der zunehmenden Wichtigkeit des Lernens über das Jugendalter hinaus resultiert. Diese Tendenz zur Verberuflichung trotz großer Angebots- und Methodenvielfalt hat im Kern immer mit der Forderung nach einer Hebung der Angebotsqualität zu tun. Gleichzeitig spiegeln sich darin Elemente des Konsumentenschutzes wider, die verstärkt Qualität aus Nachfragesicht einfordern. Die beiden genannten Tendenzen wirken nicht einfach linear, sondern zum Teil gegenläufig – was die Thematik kompliziert (Gruber & Wiesner, 2012, S. 14ff.).

9.2 Das aktuelle Berufsfeld

Das Berufsfeld der Erwachsenenbildung weist derzeit eine breite Palette an Aufgaben- und Tätigkeitsprofilen auf. Sie reichen von Lehrtätigkeiten und diversen Managementaufgaben sowie der Konzipierung von Kursen und Lehrgängen, die in vielen Institutionen permanente Entwicklungsarbeit erfordern, bis zu Netzwerkkoordination, Kompetenzbilanzierung, Begleitung von selbstgesteuerten Lernprozessen und forschungsbasierter Planung von Lernarrangements. Auch für die Beratung und den Lernsupport wird ein stetig wachsendes Berufsfeld konstatiert. Berufssoziologisch gesehen vergrößern sich nicht nur die Überschneidungsflächen der einzelnen Tätigkeitsprofile und Handlungsfelder (z.B. Lehre und Beratung; Management und Training), es bilden sich auch ganz neue Berufsfelder heraus. Erwachsenen- und Weiterbildner befinden sich heute viel mehr als früher in einem Spannungsverhältnis von Erschließung, Verbreitung und Organisation von Wissen – vielfach sind sie in einer Doppelfunktion mit Aufgabenverschränkung tätig, zeitweise nehmen sie nur eine der verschiedenen Rollen war – zumeist aber herrschen in ihrem Handlungsfeld Funktions-, Rollen- und Aufgabenpluralitäten vor (Gruber, 2014, S. 358).

In Anlehnung an die in der wba 2007 entwickelten Qualifikationsprofile kann die Erwachsenenbildung folgenden vier Tätigkeitsfeldern zugeordnet werden:

- Lehren/Gruppenleitung/Training
- Bildungsmanagement
- Beratung
- Bibliothekswesen und Informationsmanagement

Rechtlich-organisatorisch können vier Großgruppen unterschieden werden (Filla, o.J., S. 37):

- angestellte Mitarbeitende (hauptberuflich oder teilzeitbeschäftigt)
- Mitarbeitende auf Werkvertragsbasis (insbesondere Lehrende)
- ehrenamtliche Mitarbeitende
- Selbstständige mit Gewerbeschein (häufig Ein-Personen-Unternehmen)

Eine genaue Angabe zu den Personen, die in der Erwachsenenbildung/Weiterbildung tätig sind, existiert aufgrund der schon mehrfach angesprochenen Schwierigkeiten der Erhebung valider Daten nicht. Schätzungen gehen von weit mehr als 100.000 Personen aus, die in unterschiedlichen Funktionen, Ausmaßen und Aufgabenbereichen tätig sind (ebd., S. 38). Einzig die KEBÖ-Verbände weisen jährlich ihre Mitarbeiterzahl aus. Laut 29. KEBÖ-Statistik für das Arbeitsjahr 2013/14 waren über 87.000 Mitarbeitende in den gelisteten Verbänden tätig (Tab. 6).

Hauptberuflich Tätige 6.103	Nebenberuflich Tätige 56.320	Ehrenamtlich Tätige 25.280
davon pädagogisch Tätige 2.132	davon pädagogisch Tätige 42.474	davon pädagogisch Tätige 4.483

Tabelle 6: Tätige in der Erwachsenenbildung im Arbeitsjahr 2013 (Vater & Zwielehner, 2014)

9.3 Aus- und Weiterbildung

Eine zunehmende Rolle bei der Qualitätssteigerung in der Erwachsenenbildung nehmen die dort Tätigen ein. Betrachten wir die individuelle Ebene der Professionalisierung, d.h. die Anstrengungen des Individuums, Professionalität aufzubauen, zu erhalten und zu erweitern, kommen die veränderten Kompetenzanforderungen in den Blick. Kleinster gemeinsamer Nenner ist die Feststellung eines tiefgreifenden Wandels, der einen fachlichen Überblick, erwachsenenpädagogische Grundkompetenzen sowie diverse Schlüsselqualifikationen erforderlich macht. Aktuell können folgende Grundqualifikationen identifiziert werden:

- Wissen über ein für die Erwachsenenbildung/Weiterbildung relevantes Fach- oder Themengebiet;
- Fähigkeit, Lehr- und Lernprozesse erwachsenengerecht planen, durchführen und evaluieren zu können;
- Wissen über Teilnehmende, Zielgruppen und Lebenswelten;
- Erkennen von gesellschaftlichen, historischen und internationalen Zusammenhängen;
- Souveränität und Einfühlungsvermögen im Umgang mit Erwachsenen;
- ausgeprägte Managementfähigkeiten und ein hohes Maß an Flexibilität im Umgang mit Erwachsenen;
- Fähigkeit, neue, die Gesellschaft und das Berufsleben verändernde Entwicklungen zu erkennen und diese in die erwachsenenbildnerische Tätigkeit einfließen zu lassen.

Zur Aus- und Fortbildung für Mitarbeitende bieten die einzelnen Verbände sowie der Weiterbildungsmarkt eine Vielzahl an Kursen, Seminaren und Lehrgängen an. Sie beziehen sich in der Mehrheit auf methodische und didaktische Fähigkeiten, schließen aber auch Themen wie Bildungsmanagement, Beratung und diverse fachliche Fragestellungen ein. Diese Situation, verbunden mit dem Wunsch nach stärkerer Transparenz und Vergleichbarkeit, hat wesentlich dazu beigetragen, dass im Rahmen der aktuellen Professionalisierungsbemühungen verstärkt Modi von Bilanzierung, Validierung und Zertifizierung vorhandener Kompetenzen in den Blick kamen. In diesen Kontext ist auch die Bedeutungszunahme von Lernergebnissen unabhängig von Ort und Zeit ihres Erwerbs für die Qualifizierung in der Erwachsenenbildung einzuordnen. Hier setzt die wba an.

Die Weiterbildungsakademie Österreich (wba)

Ziel der wba ist die Professionalisierung und Qualitätsentwicklung bzw. -sicherung des Personals in der Erwachsenenbildung durch ein Anerkennungs- und Zertifizierungsverfahren. Ausdrücklich nicht ersetzt werden sollen dadurch Professionalisierungsbemühungen durch Studiengänge sowie Ausbildungen von Bildungsträgern und -institutionen. Mit der wba möchte man anerkannte, standardisierte Abschlüsse bei gleichzeitig flexibler Gestaltung des „Ausbildungswegs" schaffen, die – unter bestimmten Bedingungen – eine Anbindung an das tertiäre Bildungssystem ermöglichen (Gruber & Huss, 2013).

Die wba ist keine „klassische" Bildungsstätte mit einem Angebot an Aus-, Fort- und Weiterbildungen im Rahmen von Präsenzlerneinheiten, sondern eine Stelle, die auf der Basis eines Kompetenzanerkennungsverfahrens vielfach schon vorhandene, individuelle Kompetenzen von Erwachsenen- und Weiterbildnern validiert und zertifiziert. Die Grundlage bilden wba-Qualifikationsprofile, die Kompetenzen beschreiben, die aus den beruflichen Anforderungen abgeleitet wurden. Bei den Kompetenzen werden auch explizit Inhalte vorgegeben und benannt, die aufzeigen, was die Kandidaten wissen, können und wozu sie fähig sein müssen. Außerdem wird bei jedem Modul angegeben, welche Nachweise anerkannt werden. Das Curriculum gliedert sich in Pflicht- und Wahlmodule; die Lernergebnisse werden in ECTS angerechnet.

Die wba, die in einem partizipativen Prozess unter Mitwirkung von Vertretern aus Praxis, Wissenschaft und Politik der Erwachsenenbildung entwickelt wurde, richtet sich ausschließlich an bereits in der Praxis tätige Personen. Sie vergibt einen zweistufigen Abschluss zu jeweils 60 ECTS: das wba-Zertifikat, das eine breite Basisqualifizierung für die Erwachsenenbildung bescheinigt, und darauf aufbauend ein fachlich differenziertes wba-Diplom, das in den vier Schwerpunkten absolviert werden kann:

- Lehren/Gruppenleitung/Training,
- Bildungsmanagement,
- Beratung sowie
- Bibliothekswesen und Informationsmanagement.

Im Rahmen des mehrstufigen Kompetenzanerkennungsverfahrens der wba gibt es ein umfangreiches Spektrum an Anerkennungsmöglichkeiten, die auf der Homepage der wba aufgelistet sind. Die Grafik in Abbildung 10 zeigt das Modell der wba.

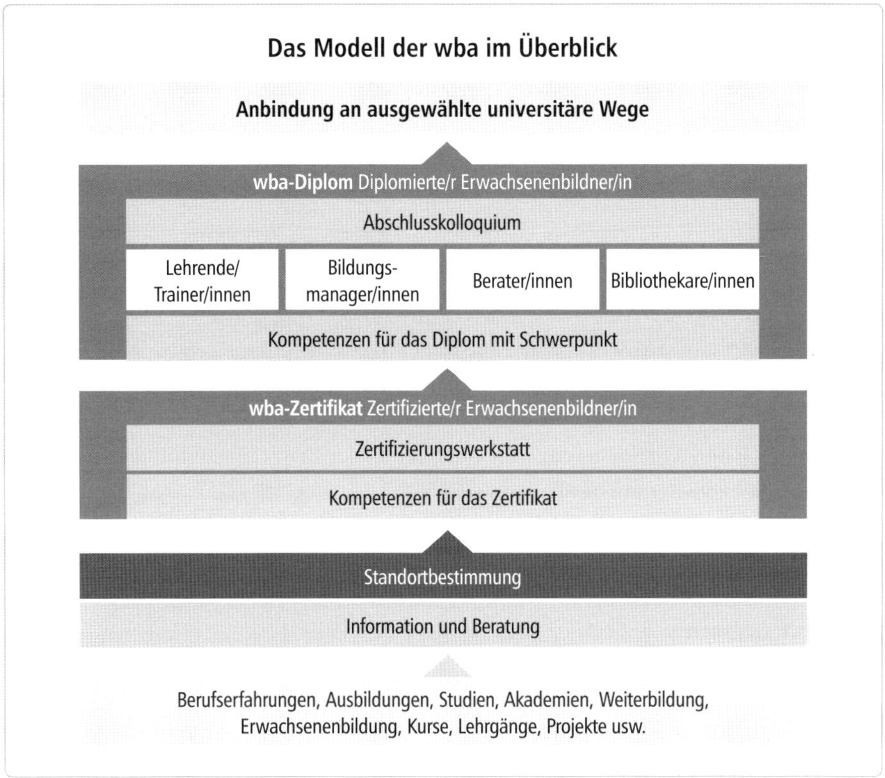

Abbildung 10: Das Modell der wba (Quelle: http://wba.or.at/interessierte/ueberblick.php)

Mit der wba wurde versucht, ein Profil erwachsenenpädagogischer Professionalität zu definieren und dem Berufsfeld anzubieten, das genug Raum für die weitreichenden Differenzierungen in der Praxis und den Institutionen der Erwachsenenbildung einräumt. Trotzdem soll ein gewisses Maß an einheitlichen Kompetenzen – an „Kernkompetenzen" – des Weiterbildungspersonals quer über die Anbieter- und Trägerlandschaft geschaffen, gestärkt und auch beispielhaft verbreitet werden. Es werden dabei Synergien mit dem 2012 eingeführten Qualitätsrahmen für die Österreichische Erwachsenenbildung (Ö-Cert) angestrebt, der im Gegensatz zur wba die Qualität der Institutionen in den Blick nimmt und nicht die Personen selbst.

Als Modellprojekt wurde die wba seit ihrer Implementierung evaluatorisch begleitet. Als Hauptergebnis des mehrstufigen Verfahrens konnte aufgezeigt werden, dass die wba von Beginn an durch das Weiterbildungspersonal sehr gut angenommen und sich als Anerkennungs- und Zertifizierungsmodell für erwachsenenpädagogische Kompetenzen bewährt hat (Brünner & Gruber, 2014). Mit Stand vom 2015 haben sich 2.037 Personen zur Standortbestimmung angemeldet, davon haben 1.502 Personen ihr Offline-Portfolio für die Standortbestimmung eingereicht; 898 Personen verfügen mittlerweile über ein wba-Zertifikat und 221 über ein wba-Diplom, wobei „Bildungsmanagement" sowie „Gruppenleitung/Lehren/Training" die häufigsten Abschlüsse auf Diplom-Niveau bilden.

WWW Weitere Informationen: www.wba.or.at

Aus- und Weiterbildung an Hochschulen

Derzeit besteht an österreichischen Universitäten (z.B. Graz und Klagenfurt) die Möglichkeit, Masterstudiengänge im Bereich der Erwachsenenbildung bzw. Weiterbildung zu absolvieren oder diese Themenbereiche auch als Fächerbündel bzw. -einzelangebote zu besuchen (Kap. 10). Darüber hinaus haben sich mehrere Universitätslehrgänge etabliert, deren Ziel die Qualifizierung von Personen in der Erwachsenenbildung/Weiterbildung ist. Dazu zählen mit Stand Januar 2016:

- Der berufsbegleitende ULG „Erwachsenenbildung/Weiterbildung" (Universität Klagenfurt/bifeb St. Wolfgang) richtet sich an Personen, die in der Erwachsenenbildung/Weiterbildung tätig sind und eine praxisorientierte, theoriegeleitete und wissenschaftsbasierte Reflexion, Begründung und Qualifizierung der eigenen Tätigkeit anstreben. Der Lehrgang dauert fünf Semester, schließt mit dem Titel „Master of Advanced Studies" (MAS) und kostet 5.750 Euro.
- Der viersemestrige und berufsbegleitende Masterlehrgang „Andragogik/Erwachsenenbildung" (PH Vorarlberg) adressiert Menschen in unterschiedlichen Bildungs- und Berufsbereichen, die neben einem Hochschulstudium möglichst auch berufliche Praxis vorzuweisen haben. Die Lehrgangsgraduierten schließen den Lehrgang als „Master of Education" (MEd), die Kosten belaufen sich auf 7.800 Euro.
- Der berufsbegleitende ULG „Bildungs- und Berufsberatung" (Donau-Universität Krems) kann in drei Semestern mit dem Abschluss „Akademische/r Expertin/e" oder in vier Semester mit dem Abschluss „Master of Arts" (MA) absolviert werden und richtet sich an Bildungs- und Berufsberater mit einschlägiger Berufserfahrung und hat die anerkannte Zertifizierung der Kompetenzen von Bildungs- und Berufsberaterinnen zum Ziel. Die Kosten belaufen sich auf 5.700 Euro (drei Semester) bzw. 8.900 Euro (vier Semester).
- Ebenfalls in Krems wird der ULG „Professional Teaching and Training" angeboten, der die Vermittlung umfassender Kenntnisse und den Erwerb professioneller Handlungskompetenz im Bereich der betrieblichen Aus- und Weiterbildung und der beruflichen Bildung in Schulen, Erwachsenenbildung und im Hochschulsektor zum Ziel hat. Der berufsbegleitende Lehrgang kann in zwei (*Certified Program*), drei (Akademische/r Expertin/e) oder fünf (Master of Arts) Semestern abgeschlossen werden und kostet zwischen 4.500 und 12.500 Euro.

- Der berufsbegleitende Masterlehrgang „Educational Leadership“ (Donau-Universität Krems) bietet ein weit gestecktes Themenspektrum insbesondere für Lehrpersonen im schulischen oder außerschulischen Aus- und Weiterbildungsbereich, die eine leitende Funktion im Managementbereich einer pädagogischen Einrichtung anstreben. Neben dem zweisemestrigen *Certified Program* gibt es auch den viersemestrigen Abschluss als Master of Arts (MA), dessen Gesamtkosten sich auf 9.100 Euro belaufen.
- Der von der Donau-Universität Krems und dem bifeb kooperativ durchgeführte ULG „Bildungsmanagement“ hat die Vermittlung und Vertiefung von Managementkompetenzen für Leitungs- und Führungsaufgaben in Bildungsorganisationen zum Ziel. Interessant ist, dass eine ausreichende berufliche Erfahrung nicht nur den Abschluss eines Hochschulstudiums, sondern auch die Hochschulzugangsberechtigung als Zulassungsvoraussetzung kompensieren kann. Der berufsbegleitende Lehrgang dauert vier Semester und kostet 9.900 Euro (bzw. 7.800 Euro bei Nachweis einer einschlägigen Aus- und Weiterbildung des bifeb und der wba im Bereich Bildungsmanagement).
- Der viersemestrige ULG „eEducation – eLearning & Social Media Learning“ (Donau-Universität Krems) zielt auf Personen in unterschiedlichen pädagogischen Berufsfeldern ab, und soll den praktischen und theoretischen kompetenten Umgang mit neuen Medien vermitteln. Die Kosten belaufen sich dabei auf 4.600 Euro für das *Certified Program* bzw. 7.900 Euro für den Master of Arts.
- Der viersemestrige ULG „Library and Information Studies“ wurde an den Universitäten Wien, Graz, Innsbruck und Salzburg in Kooperation mit der Österreichischen Nationalbibliothek eingerichtet, hat die Kompetenzvermittlung im Bereich des Bibliotheks- und Informationswesens zum Ziel und setzt sich aus einem Grundlehrgang (5.350 Euro) und einem Aufbaulehrgang (4.350 Euro) zusammen.
- Der ULG „Executive Master in Training and Development“ (MTD) der University of Salzburg Business School umfasst vier Semester und vermittelt soziale und persönliche Kompetenzen in den beruflichen Feldern der Trainer-, Berater-, Coaching-, und Personalführungstätigkeit, der Organisationsberatung und der Organisationsentwicklung. Die Kosten betragen 13.250 Euro.
- Die ARGE Bildungsmanagement, ein Institut der Sigmund-Freud-Privatuniversität Wien, bietet einen 1,5 semestrigen Trainer-Lehrgang für (angehende) Wirtschaftstrainer, Führungskräfte und Trainer im öffentlichen Sektor. Der Lehrgang schließt mit dem Diplom „Zertifizierte/r TrainerIn für die Erwachsenenbildung/Wirtschaftstrainerln“ und ist mit Kosten von 2.900 Euro verbunden.

10. Hochschulische Weiterbildung

10.1 Erwachsenenbildung als wissenschaftliche Disziplin

Die Wissenschaft von der Erwachsenenbildung ist eine noch junge Disziplin. Im deutschsprachigen Raum spricht man von „Erwachsenenpädagogik" – seltener von „Andragogik", sowie neuerdings von „Erwachsenenbildungs- bzw. Weiterbildungswissenschaft". Gemeint ist immer eine wissenschaftliche Auseinandersetzung mit dem Lehren und Lernen Erwachsener in ihren jeweiligen gesellschaftlichen, sozialen und kulturellen Kontexten. Letztlich geht es um die reflexive Selbstvergewisserung eines eigenständigen Gegenstands- und Forschungsbereichs. In der Entwicklung von Theorie, Forschung und Wissenschaft der Erwachsenenbildung in Österreich lassen sich drei Phasen unterscheiden:

1. *Phase:*
   Konstituierung – von den ersten empirischen Studien an Volkshochschulen zum Aufbruch der Erwachsenenbildung/Weiterbildung als akademische Disziplin in den 1970er Jahren.
2. *Phase:*
   Etablierung – von der Etablierung der universitären Erwachsenenbildung in den 1970er und 1980er Jahren bis hin zur Expansion und dem Ausbau des Handlungs- und Forschungsfelds Erwachsenenbildung in den 1990er Jahren.
3. *Phase:*
   Ausbau und Wandel – von den neuen Herausforderungen, die mit dem Beitritt Österreichs zur EU für den Bereich entstehen bis hin zum tiefgreifenden Wandel im Zuge von Globalisierung und Ökonomisierung – der sich aktuell durch die Migrationsgesellschaft weiter dynamisiert (Gruber, 2009).

Erwachsenenbildung als Wissenschaft ist in Österreich eng verbunden mit deren Etablierung als Fach an Universitäten. Die erste Professur mit dem Schwerpunkt Erwachsenenbildung wurde 1972 an der Universität Wien am Institut für Pädagogik eingerichtet. Seit Ende der 1990er Jahre wurde sie allerdings nicht mehr nachbesetzt, was weder aus wissenschaftlicher noch aus professionspolitischer Sicht nachvollziehbar ist – weist doch Wien die größte Dichte und Anzahl an Erwachsenenbildungsinstitutionen und Weiterbildungsanbietern und damit gute Arbeitsplatzmöglichkeiten für Absolventinnen und Absolventen auf. Es folgte die Einrichtung weiterer Professuren am Institut für Erziehungswissenschaft an der Universität Graz 1984, besetzt mit Werner Lenz – 2014 von Elke Gruber übernommen –, an der Universität Klagenfurt 1985 – derzeit von Daniela Rothe besetzt –, zweifach an der Donau-Universität Krems, von denen noch eine existiert und derzeit von Monika Kil geführt wird, sowie die Professur für Lebenslanges Lernen 2010 am Institut für Erziehungswissenschaften der Universität Graz, die Rudolf Egger bekleidet. Außerdem hatten Lynne Chisholm von 2004 bis 2015 eine Professur der Generationen am Institut der Erziehungswissenschaft der Universität Innsbruck und Carola Iller von 2012 bis 2014 eine Professur für Erwachsenenbildung an der Universität Linz.

Was die Lehre zur Erwachsenenbildung betrifft, so entwickelte sie sich anfangs im Kontext erziehungswissenschaftlicher Diplomstudiengänge zum Teil als eigenständiger Studienzweig (z.B. Wien, Graz, später Klagenfurt) oder auch als Fächerbündel bzw. -einzelangebot (z.B. Salzburg, Klagenfurt, später Wien, Innsbruck). Mit der Umstellung auf das Bologna-System wurden eigenständige Masterstudiengänge im Bereich der Erwachsenenbildung, Weiterbildung und der lebensbegleitenden Bildung (z.B. Graz, Klagenfurt, Linz) etabliert sowie diverse ULG im Bereich entwickelt (Kap. 9).

WWW Weitere Informationen: http://erwachsenenbildung.at/themen/berufsfeld/aus_weiterbildung/uni.php

Das Studium erfreut sich seit Jahren wachsender Beliebtheit, so dass eine zunehmende Zahl an Absolventinnen und Absolventen mit einschlägigen Diplom-, Master- und Doktoratsstudien für das Berufsfeld zur Verfügung stehen. Für die Universität Graz haben interne Aufzeichnungen ergeben, dass von 1984 bis 2015 am Arbeitsbereich Erwachsenenbildung/Weiterbildung am Institut für Erziehungs- und Bildungswissenschaft, über 1.000 Studierende ihr Diplom- bzw. Masterstudium im Schwerpunkt Erwachsenenbildung abgeschlossen und davon etwa 100 ein Doktoratsstudium in diesem Bereich erfolgreich absolviert haben. Letzteres sowie erfolgreiche Habilitationen vor allem an den Universitäten Graz und Klagenfurt haben zur Förderung von wissenschaftlichem Nachwuchs beigetragen.

Aufgrund bisheriger Erfahrungen und der Entwicklungsarbeit zum neuen Curriculum des Masterstudienganges Erwachsenen- und Weiterbildung an der Universität ergeben sich folgende berufliche Möglichkeiten nach dem Abschluss des Studiums:

- Planung, Entwicklung, Durchführung und Evaluation von pädagogischen Konzepten in der Aus- und Weiterbildung;
- lehrende und/oder disponierende Tätigkeit in einer Erwachsenenbildungseinrichtung;
- Konzeption, Durchführung und Evaluation wissenschaftlicher Vorhaben;
- Konzeption und Organisation beruflicher, innerbetrieblicher Weiterbildung im Profit- und Non-Profit-Bereich (Bedarfsanalysen, Konzeptentwicklung, Durchführung und Evaluation, Personalentwicklung, Organisationsentwicklung, Arbeitsstiftungen, Recruitment);
- Projektentwicklung und -tätigkeit im Bildungs-, Sozial-, Gesundheits-, Kulturbereich;
- Tätigkeit in Vereinen und Initiativen;

- Lehrgangsmanagement (Konzeption, Durchführung, Evaluation von Lehrgängen/Bildungsangeboten im tertiären Bereich, im beruflichen und außerberuflichen Bereich);
- Qualitätsentwicklung und Prozesssicherung;
- wissenschaftliche und angewandte Forschung in erwachsenen- und berufspädagogischen Bereichen (hochschulische sowie außeruniversitäre Forschungseinrichtungen);
- Bildungs- und Weiterbildungsberatung, Arbeits- und Berufsberatung, Guidance, Berufsorientierung;
- Tätigkeit in internationalen Organisationen und NGOs;
- Tätigkeiten im mittleren und höheren Management von Bildungseinrichtungen (Einrichtungen der Erwachsenen- und Weiterbildung, Fachhochschulen, Pädagogische Hochschulen, Universitäten);
- Journalismus, digitales Lernen und Lerntechnologien im Bildungsbereich, Beratung von Bildungseinrichtungen, Politikberatung;
- Zusatz- und Höherqualifizierung für diverse Berufsfelder: Lehr-, Kultur-, Sozial- und Gesundheitsbereich, Dolmetschen, Sprachen, wirtschaftliche und technische Berufe, öffentlicher Dienst, Freizeit- und Erlebnisbereich, Tourismus;
- (freiberufliche) Erwachsenenbildner mit überwiegend lehrenden Aufgaben (AMS-Maßnahmen, innerbetriebliche Fortbildung, Angebote in Bildungshäusern, politische Erwachsenenbildung);
- spezifische Themenfelder (inklusive Erwachsenenbildung, Migrationsgesellschaft, Gender und Diversität, ältere Erwachsene).

Die Erwachsenenbildung unterliegt wie jede Disziplin gesellschaftlichen Trends und Brennpunkten, orts- und institutionenspezifischen Schwerpunkten und Traditionen, einem zeitgeistlichen Förderwillen oder auch individuellen Begebenheiten. Zwischen Vielfalt und Homogenität kristallisierten sich dabei dennoch einige „heiße Eisen" heraus, die der Forschung in den letzten Jahren zu Schwerpunkten verholfen haben:

- Aspekte der (inner-)betrieblichen und beruflichen Weiterbildung
- Basisbildung, Alphabetisierung
- Community Education
- Erwachsenenbildung/Weiterbildung und Gerontologie
- evidenzbasierte Forschung als Teil bildungspolitischer Steuerung (z.B. PERLS, MAP EB Tirol, Analysen zur PIAAC-Erhebung)
- Gender und Diversity
- Inklusion und Integration
- Kritik an Ökonomisierungs- und Verwertungstendenzen innerhalb der Erwachsenenbildung
- Kompetenzorientierung
- Lebenslanges Lernen, neue Lernformen (und deren Anerkennung)

- Migration und Interkulturalität
- Nationaler Qualifikationsrahmen
- neue Medien und medienbasiertes Lernen
- Professionalisierung und Verwissenschaftlichung der Erwachsenenbildung
- Qualität(smanagement), Zertifizierung, Testierung
- Widerstandsphänomene gegen Weiterbildung
- Zusammenhänge zwischen erster Bildungsphase und Weiterbildung

Historische Forschungen sind in Österreich immer noch weit stärker an den Forschungsstellen der Volkshochschulen als an den Fakultäten und Instituten der Universitäten etabliert und/oder an das Engagement einzelner Forschender und Studierender – meist in Form akademischer Abschlussarbeiten – gebunden. Untersuchungen zur politischen Erwachsenenbildung etwa in Bezug auf Demokratietheorien, neue politische Bewegungen etc. findet man ebenfalls nur in Ansätzen, kaum aber systematisch an einer Universität erforscht.

Universitäten bilden zwar wichtige, aber keinesfalls die einzigen Orte der Wissens- und Erkenntnisproduktion. Neben den Pädagogischen Hochschulen, die zum Teil erwachsenenpädagogische Studiengänge anbieten, kommt den unterschiedlichen außeruniversitären Forschungseinrichtungen ebenfalls zunehmende Bedeutung zu. Während sich bei den Pädagogischen Hochschulen in erster Linie die Frage stellt, inwiefern sie selbst neben der Lehre auch eigenständige Forschung der Erwachsenenbildung durchführen werden, regen die vorwiegend auftragsbasierten außeruniversitären Forschungseinrichtungen zur kritischen Reflexion verschiedener Spannungsfelder (Theorie vs. Praxis, Wissenschaft vs. Politik, Anwendungsorientierung vs. „Elfenbeinturm" etc.) an.

10.2 Erwachsenenbildung als Handlungs-, Theorie- und Forschungsfeld

Erwachsenenbildung ist Handlungs-, Theorie- und Forschungsfeld. In Österreich ist die wissenschaftliche Auseinandersetzung mit der Erwachsenenbildung relativ jung. Fragen der Handlungsorientierung, Theoriebildung und Forschung fanden erst in letzter Zeit verstärkt Eingang in die Diskussion. Die Ursachen dafür sind vielfältig: Zum einen hat sich mit der Professionalisierung und einem Generationenwechsel im Handlungsfeld in den letzten Jahren ein prinzipiell offeneres Klima für ein forschungsgeleitetes und stärker theoriebasiertes Vorgehen durchgesetzt. Zahlreiche Theorie-Praxis-Kooperationen sind die Folge. Zum anderen braucht die Politik aufgrund der Internationalisierung verstärkt die wissenschaftliche Expertise, um den Bereich der

Erwachsenenbildung besser gestalten und steuern zu können. Hieraus erwächst der Wunsch nach mehr und verlässlicheren empirischen Daten, nach einer bundesweiten Weiterbildungsstatistik und nach einem einheitlichen Monitoring. Weiterhin sollen Wissenschaft und Forschung in einer Welt der Marktorientierung Anbietern helfen, sich gegenüber ihren Mitbewerbern Konkurrenzvorteile zu sichern. Dies erhofft man sich vor allem von einer anwendungs- und handlungsorientierten Forschung zu neuen Zielgruppen und pädagogischen Konzepten. Mittlerweile hat sich auch in Österreich die Wissenschaftsdisziplin von der Erwachsenenbildung an einigen Universitäten etabliert (Kap. 10). Aufgrund der vielfältigen und interdisziplinären Problemstellungen der Erwachsenen- und Weiterbildung und des Lebenslangen Lernens sind Vertreter verschiedenster Wissenschaftsdisziplinen (wie Psychologie, Soziologie, Arbeitsmarkt- und Berufsforschung, Wirtschaftspädagogik, Organisationswissenschaft, Alterswissenschaften) im ausgewiesenen Forschungsfeld aktiv.

Weitere Informationen: http://erwachsenenbildung.at/themen/eb_oesterreich/organisation/forschungseinrichtungen.php

Österreichisches Institut für Berufsbildungsforschung – öibf	Österreichisches Institut für Erwachsenenbildung – ÖIEB	Institut für Bildungsforschung der Wirtschaft – IBW	Institut für höhere Studien – IHS
AMS Forschungsnetzwerk	Institut für Arbeitsmarktbetreuung und -forschung Steiermark – IFA	Zentrum für Soziale Innovation – ZSI	Sozialökonomische Forschungsstelle – SFS
Synthesis Forschung GmbH	3s research lab	Analyse, Beratung und interdisziplinäre Forschung – abif	Knowledgebase Erwachsenenbildung

Abbildung 11: Außeruniversitäre Forschungseinrichtungen für Erwachsenenbildung (Quelle: erwachsenenbildung.at; leicht verändert)

Aber auch die außeruniversitäre Forschung in Österreich hat im letzten Jahrzehnt an Bedeutung gewonnen: Die institutionellen Strukturen sind gewachsen, das Themenspektrum hat sich verbreitert und die Anzahl der Personen, die Forschung betreiben, hat zugenommen. Neben den Institutionen der Sozialpartner (öibf, ibw) und den Forschungs- und Entwicklungseinrichtungen von Organisationen der Erwachsenenbildung (z.B. die Pädagogische Arbeits- und Forschungsstelle des Verbands Österreichischer Volkshochschulen) sowie einigen mittlerweile „alteingesessenen" Instituten wie beispielsweise dem Institut für Höhere Studien, dem Österreichischen Institut für Erwachsenenbildung in Wien und St. Pölten und der Burgenländischen Forschungsgesellschaft, gibt es neue, unabhängige Forschungseinrichtungen, die stark anwendungsorientiert und marktförmig hauptsächlich Auftrags-, aber auch Eigenforschung – großteils im Bereich der Arbeitsmarkt- und Berufsforschung – betreiben (wie etwa Synthesis Forschung Gmbh, 3s Unternehmensberatung, Sozialökonomische Forschungsstelle).

Sowohl „klassische" als auch neue Profit- und Non-Profit-Institutionen operieren mittlerweile großteils auf der Grundlage von Projektförderungen – angefangen bei der Europäischen Union, über Bund und Länder bis hin zu Projekten, die ihrerseits wieder Forschungsprojekte finanzieren. Diese Projektorientierung hat zweifellos zur Expansion und Ausdifferenzierung der Forschungslandschaft beigetragen – allerdings auch zur Vermarktlichung im Sinne der Ökonomisierung des Bildungswesens und der Forschungslandschaft.

Dazu mehren sich in den letzten Jahren die Signale der Unterstützung seitens des Bundes (vor allem des BMBF), so dass mit dessen Hilfe und EU-Fördergeldern einige wichtige Impulse in Richtung einer besseren Kommunikation und eines verstärkten Austauschs von Forschungsergebnissen gesetzt werden konnten. Dazu gehören die Einrichtung einer Publikationsreihe „Materialien zur Erwachsenenbildung" im Jahre 2000 und der umfassende Ausbau des Internetportals *www.erwachsenenbildung.at* (2004) sowie die Herausgabe eines online verfügbaren Fachmediums – des „Magazin erwachsenenbildung.at. Das Fachmedium für Forschung, Praxis und Diskurs" (2007). Zudem kam es zur Gründung des Österreichischen Forschungs- und Entwicklungsnetzwerks für Erwachsenenbildung und Weiterbildung (2005) und zur Einrichtung einer Sektion Berufs- und Erwachsenenbildung im Rahmen der Österreichischen Gesellschaft für Forschung und Entwicklung im Bildungswesen (ÖFEB) (2009).

10.3 Weiterbildung im tertiären Sektor

Wenn man den tertiären Bildungssektor als einen Bereich ansieht, vor dem die Lernenden eine erste Bildungsphase bereits abgeschlossen haben, so kann man ihn auch als Aktionsraum der Erwachsenenbildung verstehen. Nach einer Aufstellung der Statistik Austria waren im Studienjahr 2014/15 375.911 Studierende, inkl. Lehrgang-Studierende an folgenden Institutionen des tertiären Sektors eingeschrieben (Tab. 7).

Institution	insgesamt	davon Frauen in %
öffentliche Universitäten	294.840	52,9
Privatuniversitäten	9.287	61,6
Fachhochschulen	48.163	48,3
Pädagogische Hochschulen	31.619	76,8
Theologische Lehranstalten	312	75,2
insgesamt	375.911	26,9

Tabelle 7: Studierende im tertiären Bildungsbereich 2014/15, inkl. Lehrgang-Studierende (Quelle: Statistik Austria, 2015b)

Über lange Zeit wurde die Hochschulbildung in Österreich sehr eng gefasst und auf einen Universitätsabschluss, den man in einem grundständigen Studium erworben hatte, reduziert. Obschon um die Wende zum 20. Jahrhundert die „Universitätsausdehnungsbewegung" erfolgreich wissenschaftliche Erkenntnisse vermittelte und popularisierte, hat sich die Weiterbildung durch die Universität nicht institutionalisiert und deshalb auch nicht durchgesetzt. Wissenschaftliche Weiterbildung blieb lange auf die Aktivität einzelner Wissenschaftlerinnen und Wissenschaftler, z.B. in sogenannten „Volkstümlichen Universitätsvorträgen", beschränkt und wurde nie zum allgemeinen universitären Selbstverständnis erhoben. Die verstärkte Öffnung der Universitäten erfolgte erst ab den 1970er Jahren im Rahmen einer allgemeinen Bildungsreform und -expansion in der Ära Kreisky. „Produkte" dieser Bemühungen für eine verstärkte Durchlässigkeit und die steigende Nachfrage nach Fortbildung und Studiengängen für Berufstätige waren:

- die Abschaffung von Studiengebühren,
- die Einführung der Studienberechtigungsprüfung als eingeschränkte Studienberechtigung für bestimmte Studien,
- die Berufsreifeprüfung als vollwertiger Hochschulzugang.

Letztere wurde in den 1980er Jahren vor allem von den Gewerkschaften und der Arbeiterkammer forciert. Damit wurden nicht nur entscheidende Impulse in Richtung der Öffnung der Hochschulen und des Zugangs von nicht-traditionellen Studierenden, sondern auch erste Impulse zur Anerkennung von beruflich erworbenen Kompetenzen für einen teil- bzw. vollwertigen Hochschulzugang gesetzt.

Mit dem Beitritt Österreichs zur Europäischen Union kamen die Impulse zu einer Öffnung der Hochschulen vor allem von den supranationalen Organisationen der EU und der OECD. Im Kontext des Bologna-Prozesses (ab 1999) und diverser folgender Communiqués (Prag 2001, Bergen 2005, Leuven 2009) wurden die Vorstellungen zum *Lifelong Learning* präzisiert, wonach die österreichischen Hochschulen Strategien für das lebensbegleitende Lernen entwickeln sollen. Zentrale Bedeutung für die Öffnung der Hochschulen für Erwachsene kommt auch dem Europäischen Qualifikationsrahmen (EQR) bzw. dem Nationalen Qualifikationsrahmen (NQR) zu.

Mittlerweile sind alle Hochschultypen auch für Erwachsene offen. Gezielte Angebote und Förderung von nicht-traditionellen Studierenden, d.h. Studierende mit Berufserfahrung, Akademikerinnen und Akademiker, die an die Hochschule zurückkehren wollen, und Studierende, die ihre Zugangsberechtigung auf dem zweiten Bildungsweg erworben haben, erfolgen derzeit hauptsächlich durch die hochschulische Weiterbildung und an den Fachhochschulen – am wenigsten erfolgt dies bisher im Regelstudium der öffentlichen Universitäten. Hier gibt es großen Veränderungsbedarf. Fachhochschulen hingegen bieten mittlerweile weit über ein Drittel (mit steigender Tendenz) ihrer regulären Studienangebote im berufsbegleitenden Bereich an.

Derzeit ist die Weiterbildung an den Hochschulen in unterschiedlichen Organisationsformen institutionalisiert und zumeist zentral verankert. Weiterbildung gehört an allen österreichischen Hochschulen zur strategischen Ausrichtung, wenngleich sie noch lange nicht als dritte Kernaufgabe neben Forschung und Lehre angekommen ist. Dies gilt nicht für die Donau-Universität Krems, die, ausgestattet mit einem eigenen Gesetz, speziell für Weiterbildungszwecke gegründet wurde (Kap. 4).

Laut Österreichischer Qualitätssicherungsagentur AQA (2012, S. 16) (heute: AQ) richtet sich die hochschulische Weiterbildung auf folgende drei Angebotstypen:

- Universitätslehrgänge (ULG) an öffentlichen Universitäten und Privatuniversitäten, die zu einem akademischen Grad oder einer akademischen Bezeichnung führen,
- Lehrgänge zur Weiterbildung (LGW) an Fachhochschulen, die zu einem akademischen Grad oder einer akademischen Bezeichnung führen,
- sonstige Weiterbildungsangebote, die weder zu einem akademischen Grad noch zu einer akademischen Bezeichnung führen. Diese treten am Markt unter anderem mit folgenden Termini auf: Zertifikatskurse, Zertifikatsprogramme, Zertifikatslehrgänge, (Universitäts-)Kurse, Seminare, Vorträge.

Die Weiterbildung wurde in den letzten Jahren vor allem an den öffentlichen Universitäten stark ausgebaut. Die Voraussetzungen für wissenschaftliche Weiterbildung werden im Universitätsgesetz von 2002, § 3 Abs. 5 formuliert. Dort zählt die „Weiterbildung insbesondere der Absolventinnen und Absolventen von Universitäten“ zu den Aufgaben der Universität. Die Fachhochschulen sind laut Fachhochstudiengesetz seit 2003 berechtigt, „Lehrgänge zur Weiterbildung“ anzubieten. Die Fort- und Weiterbildung von Lehrpersonen gehört laut Bundesgesetz über die Organisation der Pädagogischen Hochschulen und ihre Studien (Hochschulgesetz, 2005) ebenfalls zu den Kernaufgaben der Pädagogischen Hochschulen. Die Ursachen des Ausbaus hochschulischer Weiterbildung sind vielfältig: Sie liegen zum einen an der steigenden Zahl an Hochschulabsolventen (diese Zielgruppe baut auch bei ihrer Weiterbildung auf ein akademisches Niveau), zum anderen am zunehmenden Bedarf an wissenschaftlich basierter Fort- und Weiterbildung in Wirtschaft und Verwaltung, aber auch am Trend zu abschlussorientierten Angeboten mit (staatlich) anerkannten Zertifikaten (z.B. MBA, Weiterbildungsmaster). Darüber hinaus verspricht dieses Engagement Hochschulen zusätzliche Finanzmittel, die die Motivation verstärken, sich auf diesem Gebiet zu betätigen.

Die ULG an den Universitäten stellen das größte Angebot an universitärer Weiterbildung dar. Seit 2007 ist ein kontinuierliches Ansteigen der Zahl der ULG sowie der Anzahl der teilnehmenden Studierenden zu verzeichnen. Im Wintersemester 2014 befanden sich rund 6 Prozent aller Studierenden in ULG, das sind etwa 19.800 Studierende. Die Zahl ist beachtlich, bedenkt man die (trotz Stipendien, Förderungen und steuerlicher Absatzbarkeit nicht zu unterschätzenden) finanziellen und die zeitlichen Ressourcen für die in der Regel berufstätigen Studierenden. Die Teilnahme der Studierenden in ULG ist unterschiedlich verteilt: Über drei Viertel aller Studierenden fallen auf fünf der 20 Universitäten, die Lehrgänge anbieten. Die Donau-Universität Krems (über 9.000 Studierende im Wintersemester 2014) bildet 46 Prozent aller Lehrgangsstudierenden aus und weist seit Jahren steigende Zahlen der Studienabschlüsse auf. Bei der Anzahl der Studierenden folgen mit größerem Abstand die „klassischen" Universitäten wie Salzburg, Klagenfurt, Wien, die Wirtschaftsuniversität Wien und Graz (BMWFW, 2015, S. 59).

Durch die starke Expansion der Weiterbildung an den Hochschulen in den letzten zehn Jahren kommt die Erwachsenenbildung in Österreich unter verstärkten Konkurrenzdruck. Vom Trend zu abschluss- und zertifikatsorientierten Weiterbildungen profitieren vor allem die Hochschulen – allen voran die öffentlichen Universitäten und die Donau-Universität Krems. Die „klassischen" Anbieter der Erwachsenenbildung, wie Volkshochschulen, Wirtschaftsförderungsinstitute, Berufsförderungsinstitute, Bildungshäuser etc., begegnen diesem Trend, indem sie verstärkt Kooperationen mit Universitäten und Fachhochschulen eingehen und Programme gemeinsam anbieten. Die Arbeitsteilung erfolgt vielfach dahingehend, dass von den Hochschulen das fachliche und didaktische Knowhow zur Verfügung gestellt sowie die Qualitätssicherung übernommen werden und die Anbieter der Erwachsenenbildung den Support (Management, Räume, Finanzabrechnung, etc.) übernehmen (Gruber & Huss, 2013).

Neben den vielfältigen Formen der tertiären Weiterbildung, die der beruflichen Fortbildung von Personen mit akademischer Ausbildung und/oder einschlägiger beruflicher Erfahrung dienen, treten Hochschulen aber auch wieder vermehrt als Dialogpartner zwischen den Forschenden und einer interessierten Öffentlichkeit auf und erfüllen damit in volksbildnerischer Tradition ihren gesellschaftlichen Bildungsauftrag als Orte des offenen Erkenntnisaustauschs. So bietet z.B. die Universität Graz durch die Seminarveranstaltungs-GmbH „UNI for LIFE" einerseits ein Angebot von mehr als 70 berufsbegleitenden Aus- und Weiterbildungsprogrammen mit universitärem Abschluss in den Bereichen

Wirtschaft, Recht, Pädagogik, Kunst und Kultur, Medizin und Gesundheit, Pflege, Medien und Design, Sprachen und Theologie. Auf der anderen Seite folgen die Programmpunkte des „Zentrums für Weiterbildung" dem stärker volksbildnerischen Gedanken der Bildung für alle. Mit den Programmen „Vita activa – Lernen verbindet", „Montagsakademie" und „MegaphonUni" verknüpft das Zentrum den Anspruch, wissenschaftliche Erkenntnisse mit gesellschaftspolitischen Fragestellungen niederschwellig und innovativ (so werden die Vorträge der Montagsakademie in 15 Regionen und sechs Bundesländern live im Internet übertragen) einer breiten Öffentlichkeit („Montagsakademie") und speziellen Zielgruppen („Vita activa", „MegaphonUni") näherzubringen.

Weitere Informationen: www.uniforlife.at
https://zentrum-weiterbildung.uni-graz.at/de

Engagierte Mitarbeitende im Bereich hochschulischer Weiterbildung haben das Netzwerk *Austrian Universities Continuing Education Network* (AUCEN) Ende der 1990er Jahre gegründet. Darin sind österreichische Expertinnen und Experten für hochschulische Weiterbildung und Personalentwicklung vertreten.

Weitere Informationen: www.aucen.ac.at

Neben den Instituten oder Arbeitsstellen für Weiterbildung an Universitäten und Fachhochschulen gibt es weitere außeruniversitäre Einrichtungen der wissenschaftlichen Weiterbildung, von denen an dieser Stelle lediglich exemplarisch die Wissenschaftsläden in Wien, Linz, Graz und Innsbruck, das Interuniversitäre Forschungszentrum für Technik, Arbeit und Kultur (IFZ) in Graz, das Europäische Trainings- und Forschungszentrum für Menschenrechte und Demokratie (ETC) in Graz, das Institut für Wissenschaft und Kunst (IWK) in Wien, der Verband wissenschaftlicher Gesellschaften, oder auch die Ludwig Boltzmann Gesellschaft aufgezählt werden. Eine lange Tradition der Popularisierung von Wissenschaft weisen außerdem die Wiener Vorlesungen (das ist das Dialogforum der Stadt Wien im Rathaus seit 1987) sowie die Bildungskooperation von Wiener Volkshochschulen und vier Wiener Universitäten im Rahmen von *University meets Public* auf. Diese ist Teil des aktuellen Wissenschaftsprogrammes der Wiener Volkshochschulen („VHS Science"), die über Vortragsreihen und einem World Café in der Tradition der *Popular Education* steht.

11. Internationale Kontexte

Die österreichische Erwachsenenbildung hat eine lange Tradition bezüglich internationaler Kontakte (Filla, Gruber, & Jug, 2002). Ruft man sich die „Volkstümlichen Universitätsvorträge“ im Geist der aus England kommenden *University Extension* oder auch die internationalen Entstehungskontexte der Volkshochschule und der Urania in Erinnerung, wird ersichtlich, dass die Internationalisierung einen wesentlichen Impuls zur Etablierung moderner Erwachsenenbildung in Österreich lieferte. Mit dem Beitritt Österreichs zur Europäischen Union wurde die Internationalität auch institutionell auf eine neue Basis gestellt und hat seither eine historisch neue Dimension angenommen. In Kooperation mit diversen europäischen Einrichtungen wurden und werden zahlreiche Projekte durchgeführt, die bei den jeweiligen Trägern via Homepage abrufbar sind. Auch die wissenschaftliche Forschung zur Erwachsenenbildung ist immer stärker vom Netzwerk- und Kooperationsgedanken der (europäischen) Internationalisierung betroffen – die zunehmende Zahl an Konferenzen, Projekten, Netzwerken und länderübergreifenden Publikationen zeugen genauso davon wie die steigende Mobilität der Lehrenden und Studierenden. Generell ist festzuhalten, dass der internationale Austausch auf Expertenebene verstärkt stattfindet. Außerdem hat das Engagement erwachsenenbildnerischer Einrichtungen im Rahmen europäischer Projektvorhaben in den letzten Jahren deutlich zugenommen.

Verantwortlich dafür sind nicht zuletzt die EU-Fördermöglichkeiten im Bereich des Lebenslangen Lernens, welche für das Programm „Leonardo Da Vinci“ für die berufliche Aus- und Weiterbildung bzw. das Programm „Grundtvig“ für die Erwachsenenbildung neue Finanzierungsmöglichkeiten mit sich bringen. Zwischen 2007 und 2013 wurden in Österreich 489 Grundtvig-Programme und knapp 6.000 Mobilitäten mit rund 9,2 Millionen Euro bzw. 849 Leonardo-Programme und etwa 19.000 Mobilitäten mit rund 40,2 Millionen Euro gefördert. Insgesamt wurden in sechs Jahren für die unterschiedlichen Bereiche des Lifelong-Learning-Programms (oder auch LLL-Programm: Comenius, Erasmus, Leonardo, Grundtvig, Transversal Programme/Studienbesuche) in Österreich über 120 Millionen Euro von der EU und knapp fünf Millionen vom Bund ausbezahlt.

Seit 2014 sind diese Bereiche des LLL-Programms, das Programm „Jugend in Aktion“ und fünf internationale Kooperationsprogramme unter dem Namen „Erasmus+“ vereint. Durch eine bemerkenswerte Budgetaufstockung stehen zwischen 2014 und 2020 europaweit 14,7 Milliarden Euro Fördergelder zur Verfügung. Der größte Teil entfällt dabei auf den Bereich „Education and Training“, von dem rund 5 Milliarden für Hochschulbildung, rund 2,5 Milliarden für die berufliche Weiterbildung und rund

570 Millionen für die allgemeine Erwachsenenbildung bestimmt sind. Für Österreich standen 2014 knapp 26 Millionen Euro Fördergelder zur Verfügung.

	EU-Mittel	Verbrauchte Mittel	Förderungen		Projekte		Mobilitäten	
	gesamtes Programm		Grundtvig	Leonardo	Grundtvig	Leonardo	Grundtvig	Leonardo
2007	14.244.491	14.312.633,72	725.435,20	4.887.299,30	62	88	476	1.959
2008	15.186.923	15.644.079,37	943.169,24	5.017.531,79	52	123	722	2.363
2009	15.989.120	16.515.306,77	1.426.138,96	5.429.238, 14	73	116	939	2.331
2010	17.132.010	17.322.267,98	1.632.528,27	5.324.255,99	83	126	1.173	2.905
2011	17.730.000	18.941.596,56	1.696.130,20	5.843.573,97	84	119	995	2.846
2012	19.717.000	20.884.938,26	1.576.593, 18	6.725.511,57	79	134	901	3.253
2013	20.522.947	21.673.250,38	1.180.530,47	7.005.532,14	56	143	742	3.329
Gesamt	**120.522.491**	**125.294.073,04**	**9.180.525,52**	**40.232.942,90**	**489**	**849**	**5.948**	**18.986**

Tabelle 8: EU-Förderungen im Bereich des Lebenslangen Lernens
(Quelle: Nationalagentur für Lebenslanges Lernen, 2014)

In Österreich ist die Nationalagentur Erasmus + Bildung (vormals Lebenslanges Lernen) als Teil der OeAD-GmbH (Österreichische Agentur für internationale Mobilität und Kooperation in Bildung, Wissenschaft und Forschung) für die Agenden von „Erasmus+“ zuständig. Erasmus+ Erwachsenenbildung richtet sich an Organisationen und Personen, die in der allgemeinen Erwachsenenbildung tätig sind. Es bietet die Möglichkeit zur Teilnahme an Mobilitätsmaßnahmen und Partnerschaften. Die drei Aktionslinien des gesamten Erasmus+-Programms lauten:

- Lernmobilität für Einzelpersonen,
- strategische Partnerschaften,
- Unterstützung politischer Reformen.

11.1 Vergleichsstudien und Erhebungen zur Erwachsenenbildung

Die Vergleichende Erwachsenenbildungswissenschaft hat seit den 1990er Jahren eine neue Dimension erreicht, aufbauend auf den Länderstudien in den 1970er Jahren und den Programmstudien, die in den 1980er Jahren verstärkt hinzukamen. Den Berichten der transnationalen Institutionen wie der UNESCO, der OECD und der Europäischen

Kommission liegen umfassende empirische Daten, eine zum Teil reflektierte Methodologie und theoriegeleitete Interpretationen zugrunde – gerade auf die jährlichen OECD-Berichte *Education at a Glance* („Bildung auf einen Blick"), bei denen die Erwachsenen- und Weiterbildung nur einen Bereich darstellt, trifft das zu. Von besonderer Relevanz für die österreichische Erwachsenen- und Weiterbildung und die *Scientific Community* sind die nationalen Erhebungen zur Teilnahme am formalen, non-formalen und informellen Lernen bzw. der betrieblichen Weiterbildung unter der Schirmherrschaft der Europäischen Kommission. Hierunter fallen die Eurobarometerumfrage zum Lebenslangen Lernen und das Ad-hoc-Modul zum Lebenslangen Lernen (beide 2003), der AES (2007 und 2011/2012) sowie die Betriebsbefragungen zur Weiterbildung (*Continuing vocational training survey,* CVTS) 1999, 2005 und zuletzt 2010.

Weniger auf die Weiterbildungsbeteiligung zielend, aber mit kaum geringerem Stellenwert für die Erwachsenen- und Weiterbildung, ist das von der OECD beauftragte *Programme for the International Assessment of Adult Competencies* (PIAAC). Nachdem Österreich sich weder am *Adult Literacy Surve*y (IALS) 1995 noch am *Adult Literacy and Lifeskills Survey* (ALL) 2005 beteiligt hatte, nahm es 2012 an PIAAC teil. Zur Profilierung der Weiterbildungsforschung haben die Erhebungen aber zweifellos beigetragen, indem sie zu kritischen Diskussionen über Methoden, theoretischer Kontextualisierung der Ergebnisse und einer stärkeren Vernetzung der Forschenden angeregt haben.

11.2 Konferenzen und Netzwerke

International besetzte Konferenzen zählen mittlerweile zur Selbstverständlichkeit; dies gilt sowohl im Wissenschaftsbetrieb als auch im Bereich der Anbieter von Erwachsenen- und Weiterbildung. Im deutschsprachigen Raum ist der jährliche Kongress der Sektion Erwachsenenbildung der Deutschen Gesellschaft für Erziehungswissenschaft (DGfE) zu nennen. In Österreich gibt es eine Vielzahl an wissenschaftlichen Konferenzen und Tagungen mit internationaler Besetzung, wie die seit 2008 in Steyr zweijährig stattfindende Österreichische Konferenz für Berufsbildungsforschung. Es gibt aber auch kleinere Workshop-Reihen, wie die kritische „Dark Side of LLL", die seit 2008 jährlich am Bundesinstitut für Erwachsenenbildung St. Wolfgang (bifeb) stattfindet. Auf der Ebene der Verbände gibt es ebenfalls vielfältige internationale Kontakte. So befasst sich beispielsweise ein Großteil der internationalen Projekte des Verbandes österreichischer Volkshochschulen (VÖV) mit dem Lernen und Lehren von Sprachen, so z.B. die Grundtvig-Lernpartnerschaften zur Implementierung des Sprachenportfolios, zum Sprachenlernen von Migrantinnen und Migranten (beide zwischen 2007 und 2009), zum Qualitätsmanagement im Bereich des Sprachenlernens (2009 bis 2011) und zur kooperativen Weiterbildung von Sprachkursleitenden (2012 bis 2014).

Von der kaum überschaubaren Anzahl internationaler Konferenzen kommt im vorwiegend europäischen Raum – und zumeist wird Internationalisierung implizit mit diesem Raum gleichgesetzt – der EAIE-Konferenz besondere Bedeutung zu. Sie wird jährlich von der *European Association for International Education* (EAIE) veranstaltet, mit zuletzt über 5.000 Teilnehmenden aus 90 Ländern. Österreich ist an den Konferenzen mit dem Büro für internationale Beziehungen der Universität Graz maßgeblich beteiligt. Im globalen Maßstab ist unter anderem die CONFINTEA (*Conférence Internationale sur l'Education des Adultes*) zu nennen. Diese Konferenz wird seit 1949 alle 12 bis 13 Jahre von der UNESCO ausgerichtet und thematisiert weltweite Entwicklungen der Erwachsenenbildung unter politischen Gesichtspunkten.

Der Europäische Verband für Erwachsenenbildung (EAEA)

Die *European Association for Eduation of Adults* (EAEA) ist die Nachfolgeorganisation des 1953 gegründeten *European Bureau for Adult Education*. Die NGO stellt mit 137 Mitgliedsorganisationen in 44 Ländern ein breites Netzwerk dar und versteht sich daher als Repräsentantin der non-formalen Erwachsenenbildung in Europa. Tatsächlich ist der Stellenwert des Verbandes in seiner Funktion als Lobby- und Servicestelle aufgrund seiner guten Kontakte zur Europäischen Kommission nicht zu unterschätzen. Österreich ist mit vier Mitgliedern im EAEA vertreten: Das Bildungshaus Schloss Retzhof und das Europahaus Burgendland sind als assoziierte Mitglieder in sechs der acht Arbeitsbereiche aktiv, die ARGE Bildungshäuser und der VÖV haben eine *ordinary membership* (tatsächliche Mitgliedschaft).

EUCEN und ESREA

Die beiden Netzwerke *European University Continuing Education Network* (EUCEN) mit Sitz in Barcelona und *European Society for Research on the Education of Adults* (ESREA) mit Sitz im schwedischen Linköping haben einen ausgeprägt universitären Charakter. So stehen bei EUCEN der Diskussions- und Gestaltungsprozess des (universitären) Lebenslangen Lernens und die Frage im Vordergrund, wie man die Anerkennung von Wissen, das auf unterschiedlichen Wegen erworben wurde, europaweit vereinheitlichen und verbessern kann. Die regelmäßigen Konferenzen fanden bis dato zweimal in Österreich statt, 2002 an der Universität Wien zum Thema *E-learning and Cooperative Learning* und 2012 am Zentrum für Weiterbildung der Universität Graz zum Thema *Universities' Engagement in and with Society*. Österreich ist mit dem Netzwerk AUCEN, der Donau-Uni Krems, der Universität Graz, der Technischen Universität Graz, der Universität Innsbruck, der Universität für Bodenkultur Wien, der Universität Wien und der Technischen Universität Wien im EUCEN vertreten.

Die Forschungsgesellschaft ESREA wurde 1991 gegründet und hat den internationalen Austausch von Wissenschaftlerinnen und Wissenschaftlern auf dem Gebiet der

Erwachsenen- und Weiterbildung zum Ziel. Mit insgesamt zwölf Netzwerken (von denen sieben derzeit aktiv sind), deren Mitglieder sich jedes oder jedes zweite Jahr treffen, und eigenen Publikationsorganen weist dieses Netzwerk eine beachtliche thematische Breite aus.

Export von Bildungsdienstleistungen

Eine Entwicklung, die sich seit Ende der 1980er Jahre abzeichnet, ist das Bemühen vor allem von Anbietern berufsorientierter Fortbildungen, Kurse und Programme mit internationaler Akzeptanz zu entwickeln. Hinzu kommt die Einrichtung von Arbeitsstellen und Tochterunternehmen im Ausland und damit verbunden die Unterstützung von Betrieben, die im Ausland Fuß fassen wollen. Besondere Aufmerksamkeit galt und gilt Ländern im osteuropäischen Raum. Zu erwähnen sind insbesondere grenznahe und Grenzen von Nachbarländern überschreitende Vorhaben, die im Sinne von Regionalentwicklung zu sehen sind. Federführend in Österreich ist hierbei das Wirtschaftsförderungsinstitut (WIFI), das sich nicht nur als Bildungsanbieter auf nationalem Terrain (neun Landesstellen und über 80 Außenstellen) versteht, sondern auch als Exporteur von Bildungsstandards. Dazu wurde mit „WIFI International" eine eigene Einheit geschaffen, die mittlerweile Standorte in elf Ländern (Albanien, Bosnien, Bulgarien, Kroatien, Polen, Rumänien, Serbien, Slowakei, Tschechien, Türkei, Ungarn) eröffnet hat.

12. Tendenzen und Perspektiven

12.1 Tendenzen

Wie in anderen OECD-Ländern nimmt auch in Österreich die soziale Ungleichheit infolge von Globalisierung und Deregulierung zu. Investition in Bildung und Ausbildung ist inzwischen eine gängige Antwort auf die gegenwärtige wirtschaftliche und soziale Situation geworden, damit die Chancen auf dem Arbeitsmarkt vergrößert, die Ungleichheit reduziert und Voraussetzungen für das Wachstum geschaffen werden. Statistische und wissenschaftliche Befunde betonen den Zusammenhang von Höhe der Ausbildung und Wirtschaftswachstum.

Der Trend zur Wissensgesellschaft bedeutet aus ökonomischer Sicht, Wissen als Produktivkraft und als Mittel im wirtschaftlichen Konkurrenzkampf einzusetzen. Die Bedeutung von Wissen und Bildung, um demokratische Verhältnisse zu sichern und auszubauen sowie um humane Lebensbedingungen zu garantieren, wird öffentlich nicht so intensiv diskutiert.

Die Arbeitswelt verändert sich hinsichtlich der Produktionsweisen aufgrund globaler Vernetzung des Finanzkapitals, aber auch wegen der fortschreitenden Digitalisierung. Unmittelbar verändert sich der Arbeitsmarkt in Richtung zunehmender Zahl unsicherer bzw. prekärer Arbeitsverhältnisse, kurzfristiger Verträge und intensivierter Mobilität. Es bestehen erhöhte Erwartungen an die Arbeitnehmerinnen und Arbeitnehmer oder an „neue Selbstständige", ihre Qualifikationen und Kompetenzen ständig den Anforderungen des Arbeitsmarktes anzupassen. Die Bedrohung durch Arbeitslosigkeit (Stand Ende 2015: über 400.000 Personen) ist längst gesellschaftliche Realität.

Der Situation auf dem Arbeitsmarkt und in der sich schnell verändernden Arbeitswelt entspricht das seit 2000 propagierte europäische Konzept des Lebenslangen Lernens. Bildungspolitisch wurde es im Juli 2011 von der österreichischen Bundesregierung angenommen. Dieses nationale Konzept bezeichnet sich als Strategie für lebensbegleitendes Lernen – LLL:2020. Das Strategiekonzept ist Antwort auf die ökonomischen Herausforderungen, die sich an Österreich als Mitgliedsstaat der Europäischen Union stellen. Es will in zehn Aktionsfeldern die aktuellen Problembereiche des österreichischen Bildungswesens bearbeiten. Das Konzept sieht Bildung als wichtige Möglichkeit, um Demokratie und Zivilgesellschaft zu stärken sowie individuelles Potenzial und Wohlergehen zu fördern.

Allen Institutionen des Bildungswesens kommt im Hinblick auf Lebenslanges Lernen die Aufgabe zu, intensiver zu kooperieren, um Bildungs- und Lerngelegenheiten von der frühen Kindheit bis ins Alter zu schaffen. Aufgrund europäischer und globaler

Entwicklungen sowie im Zusammenhang mit der Umsetzung des Konzepts des Lebenslangen Lernens sind in der Erwachsenenbildung diverse Veränderungen zu registrieren.

Bildungspolitische Einflüsse

- Der Trend zu höheren Bildungsabschlüssen hält an – Bildungschancen werden weiterhin „vererbt" – die soziale Ungleichheit wird durch Weiterbildung nicht aufgehoben, sondern eher gefestigt.
- Die Zahl der Lehrlinge (Stand 1980: 194.000 Lehrlinge; Stand 2014: etwa 115.000 Lehrlinge) ist aufgrund der demografischen Entwicklung und Wirkungen der internationalen Finanz- und Wirtschaftskrise gesunken.
- Maßnahmen wie das kostenlose Nachholen von Schulabschlüssen sind Antworten auf individuelle Lernbedürfnisse und gesellschaftlichen Qualifikationsbedarf.
- Basisbildung, funktionaler Analphabetismus und Jugendliche ohne Schul- und Berufsabschluss haben mehr Aufmerksamkeit, aber noch nicht ausreichende bildungspolitische Unterstützung gefunden.
- Die Professionalisierung des Lehrpersonals in der Erwachsenenbildung durch die Weiterbildungsakademie und universitäre Lehrgänge setzt sich fort.
- Die Eigenverantwortung der Lernenden – nach dem Paradigma „Lernende stehen im Mittelpunkt" – gilt als pädagogischer Maßstab.

Institutioneller Wandel

- Der private Sektor (spezifische Anbieter für Beratung etc., „Nischenangebote", oft in Form von Einzelpersonenunternehmen) wird weiter ausgebaut.
- Universitäten, Fachhochschulen, Pädagogische Hochschulen und Schulen bieten Weiterbildung an, konkurrieren untereinander und mit den traditionellen Anbietern; sie werden zu neuen Akteuren am Bildungsmarkt.
- Das kompetenzorientierte Lernen nimmt zu. Die Bedeutung von NQR und EQR trägt hierzu bei.
- Die Modularisierung von Inhalten sowie die Digitalisierung des Bildungswesens schreiten fort.

Strukturelle Veränderungen in der Erwachsenenbildung

- Es wurden Leistungsvereinbarungen zwischen Ministerium und Trägern der Erwachsenenbildung eingeführt.
- Internationale Untersuchungen und nationale Berichterstattung (Bildungsbericht ÖIBF, MAP EB, Statistik Austria etc.) tragen zu besser sichtbaren Leistungen der Weiterbildung im Rahmen von Wirkungsforschung bei.
- Es entstehen immer intensivere internationale Verflechtungen. Grenzüberschreitende Kooperationen zielen auch auf den „Export von Bildung".

12.2 Perspektiven und Zielsetzungen

Bildung und Weiterbildung werden zunehmend als Investition eingeschätzt. Eltern investieren in Bildung, damit Kinder und Jugendliche „zukunftsfähig" werden. Erwachsene investieren in die eigene Arbeitskraft, um die Erfordernisse des Arbeitsmarktes zu erfüllen.

Ökonomische Sichtweisen betonen die Förderung individueller Leistungsfähigkeit in einer durch Konkurrenz charakterisierten Welt. Die Erwartungen an Weiterbildung, zu einer humanen, friedlichen und solidarischen Gesellschaft beizutragen, lassen sich aber nicht völlig ausblenden.

Bildung, die auf neue Erkenntnisse zielt, Wissen verarbeitet und Probleme reflektiert, nimmt Stellung zur Situation von Benachteiligten und kritisiert unwürdige Lebensbedingungen. Deshalb kann Weiterbildung, die sich insbesondere auf Erwachsene konzentriert, nicht auf ihre humane und emanzipatorische Dimension verzichten. Für die Erwachsenen- und Weiterbildung beinhaltet dies deshalb die Aufgabe, dazu beizutragen, die erreichten demokratischen und humanen Lebensbedingungen zu sichern und auszubauen – auch unter den aktuellen europäischen und globalen Herausforderungen.

Literaturverzeichnis

Bechtel, M., Lattke, S. & Nuissl, E. (2005). *Porträt Weiterbildung Europäische Union*. Bielefeld: W. Bertelsmann.

Bisovsky, G. (1991). *Blockierte Bildungsreform. Staatliche Erwachsenenbildungs-Politik in Österreich seit 1970*. Wien: Picus.

BMASK – Bundesministerium für Arbeit, Soziales und Konsumentenschutz (Hrsg.) (2013). *Altern und Zukunft. Bundesplan für Seniorinnen und Senioren*. Wien: BMASK.

Deutscher Bildungsrat (1970). *Strukturplan für das Bildungswesen. Empfehlungen der Bildungskommission*. Stuttgart: Klett.

Filla. W. (o.J.). *Einführung in die Erwachsenenbildung/Weiterbildung. Skriptum zur Vorlesung*. Unveröffentlichtes Manuskript, Universität Klagenfurt.

Filla, W. (2014). *Von der freien zur integrierten Erwachsenenbildung: Zugänge zur Geschichte der Erwachsenenbildung in Österreich. Ein Studienbuch*. Frankfurt a.M.: Peter Lang.

Filla, W., Gruber, E. & Jug, J. (Hrsg.) (2002). *Von Zeitenwende zu Zeitenwende*. Innsbruck: StudienVerlag.

Ganglbauer, S., Stifter, C. & Streibel, R. (2010). Kein Ort des Verdrängens: Die Auseinandersetzung mit Austrofaschismus und Nationalsozialismus an Wiener Volkshochschulen. In: Dokumentationsarchiv des Österreichischen Widerstands (Hrsg.), *Jahrbuch 2010* (S. 143–185). Wien: o.V.

Gieseke, W. (2005). Professionalität – Paradoxien und Widersprüche in der Erwachsenenbildung/Weiterbildung. In M. Gutknecht-Gmeiner (Hrsg.), *Das Richtige richtig tun: Professionalität in der Erwachsenenbildung. Dokumentation der 47. Salzburger Gespräche für Leiterinnen und Leiter in der Erwachsenenbildung* (S. 12–34). Wien: Verband Österreichischer Volkshochschulen.

Gnahs, D. (2008). „Weiterbildung" und „adult learning" – deutsche und europäische Begriffswelten. In D. Gnahs, H. Kuwan & S. Seidel (Hrsg.), *Weiterbildungsverhalten in Deutschland, Band 2: Berichtskonzepte auf dem Prüfstand.* (S. 25–34) Bielefeld: W. Bertelsmann.

Götz, R., Haydn, F. & Tauber, M. (2014). *Bildungsberatung: Information, Beratung und Orientierung für Bildung und Beruf (IBOBB)*. Dossier erwachsenenbildung.at. Abgerufen von http://erwachsenenbildung.at/images/themen/dossier/ebooks/dossier-bildungsberatung.pdf (27.07.2016)

Gruber, E. (1997). *Bildung zur Brauchbarkeit? Berufliche Bildung zwischen Anpassung und Emanzipation* (2. Aufl.). München: Profil Verlag.

Gruber, E. (2006). Verberuflichung bei zeitgleicher Entberuflichung: Professionalisierung in der Erwachsenenbildung in Österreich. In K. Meisel & C. Schiersmann (Hrsg.), *Zukunftsfeld Weiterbildung. Standortbestimmungen für Forschung, Praxis und Politik* (S. 183–192). Bielefeld: W. Bertelsmann.

Gruber, E. (2008). *Weiterbildung – (k)ein Weg zur Chancengleichheit?* Abgerufen von wwwg.uni-klu.ac.at/ifeb/eb/Chancengleicheit_weissbuch_vsstoe.pdf (27.07.2016)

Gruber, E. (2009). Auf der Spur … Zur Entwicklung von Theorie, Forschung und Wissenschaft in der österreichischen Erwachsenenbildung/Weiterbildung. *Magazin erwachsenenbildung.at. Das Fachmedium für Forschung, Praxis und Diskurs*, Ausgabe 7/8, 02/1-15. Abgerufen von erwachsenenbildung.at/magazin/09-7u8/meb09-7u8.pdf (27.07.2016)

Gruber, E. (2010). Die Expertise als Grundlage moderner Ordnungs- und Steuerungspolitik in der Weiterbildung. In P. Schlögl & C. Dèr (Hrsg.), *Berufsbildungsforschung: Alte und neue Fragen eines Forschungsfeldes* (S. 74–85). Bielefeld: W. Bertelsmann.

Gruber, E. (2014). Zwei Modelle – ein Ziel: Erwachsenenpädagogische Kompetenzen bilanzieren, validieren, zertifizieren und erwerben. In V. Heyse (Hrsg.), *Aufbruch in die Zukunft: Erfolgreiche Entwicklungen von Schlüsselkompetenzen in Schulen und Hochschulen – Aktuelle persönliche Erfahrungen aus Deutschland, Österreich und der Schweiz* (S. 357–368). Münster: Waxmann.

Gruber, E., Gnahs, D. & Ribolits, E. (2015). Qualitätsrahmen Ö-Cert zieht klare Grenzen zu Therapie, Freizeitgestaltung und Esoterik. *Magazin erwachsenenbildung.at. Das Fachmedium für Forschung, Praxis und Diskurs,* Ausgabe 24, 10/1-8. Abgerufen von erwachsenenbildung.at/magazin/15-24/meb15-24.pdf (27.07.2016)

Gruber, E., Maschinda, A. & Schlager, J. (2012). Der Begriff der „Erwachsenenbildung" im ASVG. Hat der Verwaltungsgerichtshof dafür eine zutreffende Auslegung gefunden? *Die Österreichische Volkshochschule. Magazin für Erwachsenenbildung*, 63(244), 4–8. Abgerufen von http://magazin.vhs.or.at/wp-content/uploads/2015/03/OVH_Magazin_244_02_2012.pdf (27.07.2016)

Gruber, E. & Schlögl, P. (2007). *Qualitätsentwicklung und -sicherung in der Erwachsenenbildung in Österreich – Wohin geht der Weg? Darstellung der Ergebnisse des Projektes „INSI-QUEB"*. Wien: Bundesministerium für Unterricht, Kunst und Kultur, Abteilung Erwachsenenbildung. Abgerufen von http://erwachsenenbildung.at/downloads/service/nr1_2007_insiqueb.pdf (27.07.2016)

Gruber, E. & Schlögl, P. (2011). Das Ö-Cert – ein bundesweiter Qualitätsrahmen für die Erwachsenenbildung in Österreich. *Magazin erwachsenenbildung.at. Das Fachmedium für Forschung, Praxis und Diskurs*, Ausgabe 12, 02/1-12. Abgerufen von erwachsenenbildung.at/magazin/11-12/meb11-12.pdf (27.07.2016)

Gruber, E. & Wiesner, G. (Hrsg.) (2012). *Erwachsenenpädagogische Kompetenz stärken. Kompetenzbilanzierung für Weiterbildner/-innen*. Bielefeld: W. Bertelsmann.

Holzer, D. (2004). *Widerstand gegen Weiterbildung: Weiterbildungsabstinenz und die Forderung nach lebenslangem Lernen*. Münster: LIT.

Holzer, D. (2015). *Weiterbildungswiderstand negativ-dialektisch lesen. Fragmente einer kritischen Theorie der Verweigerung.* Unveröffentlichte Habilitationsschrift, Karl-Franzens-Universität Graz.

Lachmayr, N. (2009). *Sammlung zur rechtlichen Situation der Erwachsenenbildung in Österreich.* Wien: Österreichisches Institut für Berufsbildungsforschung (öibf).

Lassnigg, L. & Schmid, K. (Hrsg.) (2014). Kompetenzen von Erwachsenen. Zu wenig Resonanz auf PIAAC? *Magazin erwachsenenbildung.at. Das Fachmedium für Forschung, Praxis und Diskurs*, Ausgabe 23. Abgerufen von erwachsenenbildung.at/magazin/14-23/meb14-23.pdf (27.07.2016)

Lenz, W. (2004). Lebenslanges Lernen in der Wissensgesellschaft – Voraussetzungen und Rahmenbedingungen in Österreich. In Bundesministerium für Bildung, Wissenschaft und Kultur (Österreich)/Bund-Länder-Kommission für Bildungsplanung und Forschungsförderung (Deutschland)/Schweizerische Konferenz der kantonalen Erziehungsdirektoren (Schweiz) (Hrsg.), *Lebenslanges Lernen in der Wissensgesellschaft – Voraussetzungen und Rahmenbedingungen* (S. 31–64). Innsbruck: StudienVerlag.

Lenz, W. (2012). *Bildung – Eine Streitschrift. Abschied vom lebenslänglichen Lernen*. Wien: Löcker.

Lenz, W. (2013). *Bildung baut Brücken: Alternativen zur Lernindustrie*. Wien: Löcker.

Müllegger, J. (2015). Bildung als Faktor für Gesundheit im Alter. *Magazin erwachsenenbildung.at. Das Fachmedium für Forschung, Praxis und Diskurs*, Ausgabe 24, 08/1-9. Abgerufen von erwachsenenbildung.at/magazin/15-24/08_muellegger.pdf (27.07.2016)

Nationalagentur Lebenslanges Lernen. (2014). *Highlights. Programm für lebenslanges Lernen 2007–2013*. Abgerufen von www.lebenslanges-lernen.at/fileadmin/lll/dateien/lebenslanges_lernen_pdf_word_xls/drucksorten/na_uebergreifend/Brosch%C3%BCreNALLL_web.pdf (23.08.2016)

Nittel, D. (2000). *Von der Mission zur Profession: Stand und Perspektiven in der Erwachsenenbildung*. Bielefeld: W. Bertelsmann.

Pongratz, L. (2008). Lebenslanges Lernen. In A. Dzierzbicka & A. Schirlbauer (Hrsg.), *Pädagogisches Glossar der Gegenwart. Von Autonomie bis Zertifizierung*. 2., erw. Aufl. (S. 162–171). Wien: Löcker.

Rat der Europäischen Union. (2008). *Entwurf einer Entschließung des Rates vom 21. November 2008 und der im Rat vereinigten Vertreter der Regierungen der Mitgliedstaaten zu einer besseren Integration lebensumspannender Beratung in die Strategie für lebenslanges Lernen (2008/C319/02). Amtsblatt der Europäischen Union*. Brüssel. Abgerufen von http://eur-lex.europa.eu/legal-content/DE/TXT/PDF/?uri=CELEX:42008X1213(02)&rid=1 (27.07.2016)

Republik Österreich. (2011). *Strategie zum lebensbegleitenden Lernen in Österreich: LLL:2020*. Wien. Abgerufen von www.esf.at/esf/wp-content/uploads/LLL-Strategiepapier_20111.pdf (27.07.2016)

Schneeberger, A. (2007). Allgemeine und berufliche Erwachsenenbildung in der Informations- und Dienstleistungsgesellschaft. *Magazin erwachsenenbildung.at. Das Fachmedium für Forschung, Praxis und Diskurs*, Ausgabe 0, 04/1-21. Abgerufen von erwachsenenbildung.at/magazin/07-0/meb-ausgabe07-0.pdf (27.07.2016)

Schrader, J. (2008). Steuerung im Mehrebenensystem der Weiterbildung – ein Rahmenmodell. In S. Hartz & J. Schrader (Hrsg.), *Steuerung und Organisation in der Weiterbildung* (S. 31–64). Bad Heilbrunn: Klinkhardt.

Stanzel-Tischler, E. (Hrsg.) (2013). *bifie Report 10/2013: Häuslicher Unterricht in der Schuleingangsphase. Ausmaß – Motive der Eltern – Schulische Rahmenbedingungen*. Salzburg: Bundesinstitut für Bildungsforschung, Innovation & Entwicklung des österreichischen Schulwesens (bifie).

Titelbach, R. (2014). Was sagen uns die PIAAC-Ergebnisse? Ein zweiter Blick lohnt sich! *Magazin erwachsenenbildung.at. Das Fachmedium für Forschung, Praxis und Diskurs*, Ausgabe 23, 06/1-10. Abgerufen von erwachsenenbildung.at/magazin/14-23/06_titelbach.pdf (27.07.2016)

Vogtenhuber, S. (2012). Finanzierung von Erwachsenen- und Weiterbildung in Österreich. *Magazin erwachsenenbildung.at. Das Fachmedium für Forschung, Praxis und Diskurs*, Ausgabe 17, 02/1-10. Abgerufen von erwachsenenbildung.at/magazin/12-17/meb12-17_02_vogtenhuber.pdf (27.07.2016)

Wagner, E. (2007). Die österreichische Förderlandschaft: ausgewählte Instrumente zur Unterstützung individueller Weiterbildungsaktivitäten. *Magazin erwachsenebildung.at. Das Fachmagazin für Forschung, Praxis und Diskurs*, Ausgabe 2, 12/1-22. Abgerufen von erwachsenenbildung.at/magazin/meb07-2.pdf (27.07.2016)

Statistiken und Forschungsdokumentationen

Arbeitsmarktservice Österreich. (2015). *Geschäftsbericht 2014*. Abgerufen von: www.ams.at/_docs/001_ams_geschaeftsbericht_2014.pdf (27.07.2016)

AQA – Österreichische Qualitätssicherungsagentur. (2012). *Qualitätsentwicklung der Weiterbildung an Universitäten*. Wien: Facultas.

BM.I. – Bundesministerium für Inneres. (2015). *Asylstatistik*. Wien: BM.I.

Bundeskanzleramt Rechtsinformationssystem. (2005). *Bundesrecht konsolidiert: Gesamte Rechtsvorschrift für Hochschulgesetz 2005, Fassung vom 29.06.2016*. Abgerufen von https://www.ris.bka.gv.at/GeltendeFassung.wxe?Abfrage=Bundesnormen&Gesetzesnummer=20004626&ShowPrintPreview=True (29.06.2016)

Bundeskanzleramt Rechtsinformationssystem. (2013). *Bundesrecht konsolidiert: Gesamte Rechtsvorschrift für Erwachsenenbildung – Volksbüchereiwesen, Fassung vom 29.06.2016*. Abgerufen von https://www.ris.bka.gv.at/GeltendeFassung.wxe?Abfrage=Bundesnormen&Gesetzesnummer=10009356 (29.06.2016)

Bisovsky, G., Verband Österreichischer Volkshochschulen & Pädagogische Arbeits- und Forschungsstelle. (Hrsg.) (2015). *Konferenz der Erwachsenenbildung Österreichs: KEBÖ 29. KEBÖ-STATISTIK (Arbeitsjahr 2013/14)*. Wien. Abgerufen von http://files.adulteducation.at/statistik/berichte/Kebö_Statistik%2029_f.pdf (27.07.2016)

Brünner, A. & Gruber, E. (2014). *Ergebnisse der quantitativen Erhebung 2013 mit Student/inn/en der Weiterbildungsakademie Österreich (wba)*. Abgerufen von http://wba.or.at/_pdfs/Bericht4_QuantitativeErhebung_2014_END.pdf (27.07.2016)

DIE – Deutsches Institut für Erwachsenenbildung. (2014). *Benefits of Lifelong Learning - BeLL. Final report*. Abgerufen von www.bell-project.eu/cms/wp-content/uploads/2014/06/Final-Report1.pdf (27.07.2016)

Gruber, E., Brünner, A. & Huss, S. (2009). *Perspektiven der Erwachsenenbildung im Rahmen des lebenslangen Lernens in der Steiermark (PERLS)*. Abgerufen von www.uni-klu.ac.at/ifeb/eb/PERLS_Ergebnisse_Endfassung_Nov2009.pdf (27.07.2016)

Gruber, E., Brünner, A. & Huss, S. (2014). *MAP EB TIROL – Landkarte der Erwachsenenbildung in Tirol. Endbericht 2014*. Klagenfurt. Abgerufen von www.tirol.gv.at/fileadmin/themen/arbeit-wirtschaft/arbeit/arbeitsmarktfoerderung/downloads/Dateien_ab_2015/StudieMAP-EB_Tirol.pdf (27.07.2016)

Gruber, E. & Huss, S. (2013). Opening Higher Education to Adults (HEAD). Country Report Austria. In European Commission, *Developing the Adult Learning Sector, Final Report EAC 2012–0074*. Abgerufen von DOI: 10.2766/65164 (27.07.2016)

Kohlbauer, C., Tamesberger, D., Bacher, J. & Leitgöb, H. (2015). *Jugendliche weder in Beschäftigung, Ausbildung noch in Training: Ein Bundesländervergleich in Österreich. Forschungsbericht*. Linz: Johannes Kepler Universität. Abgerufen von www.jku.at/soz/content/e94921/e95831/e96904/e272914/NEET-BerichtVersion3_ger.pdf (27.07.2016)

Lassnigg, L., Gottwald, R., Hofer, H., Kuschej, H. & Zaussinger, S. (2011). *Evaluierung der Bildungskarenz 2000–2009 (Projektbericht). Studie im Auftrag des Bundesministeriums für Arbeit, Soziales und Konsumentenschutz (bmask)*. Wien: Institut für Höhere Studien (IHS).

Lassnigg, L., Vogtenhuber, S. & Osterhaus, I. (2012). *Finanzierung von Erwachsenen- und Weiterbildung in Österreich und in ausgewählten Vergleichs*ländern. Studie im Auftrag der Arbeiterkammer Wien (Projektbericht). Wien: Institut für Höhere Studien (IHS).

Mendolicchio, C. & Rhein, T. (2012). Ländervergleich in Westeuropa: Wo sich Bildung für Frauen mehr lohnt als für Männer. *IAB Kurzbericht. Aktuelle Analysen aus dem Institut für Arbeitsmarkt- und Berufsforschung*, Nr. 5. Abgerufen von http://doku.iab.de/kurzber/2012/kb0512.pdf (27.07.2016)

OECD – Organisation for Economic Co-operation and Development. (2014). *Bildung auf einen Blick 2014: OECD-Indikatoren*. Paris: OECD.

Schmid, K. (2008). *Zum Nutzen der Weiterbildung: Internationaler Literaturreview & individuelle Weiterbildungserträge von TeilnehmerInnen an WIFI-Kursen (ibw-Forschungsbericht Nr. 144)*. Wien: Institut für Bildungsforschung der Wirtschaft (ibw).

Statistik Austria. (2004). *Lebenslanges Lernen: Ergebnisse des Mikrozensus Juni 2003*. Wien: Statistik Austria.

Statistik Austria. (2009a). *Erwachsenenbildung. Ergebnisse des Adult Education Survey (AES) 2007*. Wien: Statistik Austria.

Statistik Austria. (2009b). *Zeitverwendung 2008/09. Ein Überblick über geschlechtsspezifische Unterschiede*. Wien: Statistik Austria.

Statistik Austria.(2013a). *Erwachsenenbildung. Ergebnisse des Adult Education Survey (AES) 2011/2012*. Wien: Statistik Austria.

Statistik Austria. (2013b). *Betriebliche Weiterbildung 2010 (CVTS4)*. Wien: Statistik Austria.

Statistik Austria. (2013c). *Schlüsselkompetenzen von Erwachsenen. Erste Ergebnisse der PIAAC-Erhebung 2011/2012*. Wien: Statistik Austria.

Statistik Austria. (2014a). *Bildung in Zahlen 2012/2013. Schlüsselindikatoren und Zahlen*. Wien: Statistik Austria.

Statistik Austria. (2014b). *Schlüsselkompetenzen von Erwachsenen – Vertiefende Analysen der PIAAC-Erhebung 2011/12*. Wien: Statistik Austria.

Statistik Austria. (2015a). *Bildung in Zahlen 2013/2014. Schlüsselindikatoren und Analysen*. Wien: Statistik Austria.

Statistik Austria. (2015b). *Hochschulstatistik. Studierende in Österreich 2012/13 – 2014/15*. Wien: Statistik Austria.

Statistik Austria. (2015c). *Bildungsstand der Bevölkerung im Alter von 25 bis 64 Jahren 2013 nach Bundesland und Geschlecht*. Wien: Statistik Austria.

Statistik Austria. (2015d). *Lebenslanges Lernen 1995 bis 2014*. Wien: Statistik Austria.

Statistik Austria. (2015e). *Teilnahme an Kursen und Schulungen in den letzten 4 Wochen nach Zweck der Weiterbildung – Jahresdurchschnitt 2014*. Wien: Statistik Austria.

Statistik Austria. (2015f). *Teilnahme der Bevölkerung ab 15 Jahren an Kursen und Schulungen in den letzten 4 Wochen nach höchster abgeschlossener Bildung – Jahresdurchschnitt 2014*. Wien: Statistik Austria.

Stoppacher, P. & Edler, M. (2014). *Evaluation der ersten Periode der Initiative Erwachsenenbildung*. Graz: Institut für Arbeitsmarktbetreuung und -forschung. Abgerufen von www.initiative-erwachsenenbildung.at/fileadmin/docs/Evaluation_Abschlussbericht.pdf (27.07.2016)

Thaler, B. & Unger, M. (2014). *Dropouts ≠ Dropouts: Wege nach dem Abgang von der Universität. Studie im Auftrag der Österreichischen Universitätenkonferenz (Projektbericht)*. Wien: Institut für höhere Studien (IHS).

Vater, S. & Zwielehner, P. (2014). *Kurse und Teilnahmen nach Fachbereichen der KEBÖ-Verbände der 28. KEBÖ-Statistik (Arbeitsjahr 2013)*. Abgerufen von www.adulteducation.at/de/struktur/keboe/auswertungen/118 (27.07.2016)

Vater, S. & Zwielehner, P. (2015). *Statistikbericht 2015 der österreichischen Volkshochschulen für das Arbeitsjahr 2013/2014*. Abgerufen von http://files.adullteducation.at/statistik/berichte/stat15.pdf (27.07.2016)

Zeitschriften

Magazin erwachsenenbildung.at. Das Fachmedium für Forschung, Praxis und Diskurs. Herausgeber: Bundesministerium für Bildung und Frauen und Bundesinstitut für Erwachsenenbildung. Abgerufen von erwachsenenbildung.at/magazin

Die Österreichische Volkshochschule. Magazin für Erwachsenenbildung. Herausgeber: Verband Österreichischer Volkshochschulen. Abgerufen von magazin.vhs.or.at

Spurensuche. Zeitschrift für Geschichte der Erwachsenenbildung und Wissenschaftspopularisierung. Herausgeber: Österreichisches Volkshochschularchiv – Verein zur Geschichte der Volkshochschulen.

Wichtige Links

Bildungssystem Österreich: bildungssystem.at

Das Portal für Lehren und Lernen Erwachsener: erwachsenenbildung.at

EPALE – Electronic Platform for Adult Learning in Europe: ec.europa.eu/epale

EAEA – European Association for the Education of Adults: eaea.org

Initiative Erwachsenenbildung: initiative-erwachsenenbildung.at

OeAD-GmbH – Nationalagentur Lebenslanges Lernen: lebenslanges-lernen.at

Ö-Cert (Qualitätsrahmen für die Erwachsenenbildung in Österreich): oe-cert.at

Österreichische Gesellschaft für politische Bildung (ÖGPB): politischebildung.at

Österreichisches Volkshochschularchiv: vhs.at/vhsarchiv-home.html

Statistik Austria – Bundesanstalt Statistik Österreich: statistik.at

wba Weiterbildungsakademie Österreich: wba.or.at

Tabellen und Abbildungen

Glossar

Arbeitsmarktservice Österreich (AMS):
In Bundes-, Landes- und Regionalorganisationen gegliederte Serviceeinrichtung, die Hilfe bei Berufswahl, Wiedereingliederung in den Arbeitsmarkt sowie bei der Berufsinformation leistet und Arbeitsmarktförderung betreibt.

Berufsreifeprüfung:
Mit der Berufsreifeprüfung (BRP) können Personen ohne Reifeprüfung (Matura) nach Maßgabe des Bundesgesetzes die mit der Reifeprüfung einer höheren Schule verbundenen Berechtigungen erwerben.

Duales System:
Während einer beruflichen Ausbildung (Lehre), die je nach Berufsbild zwei bis vier Jahre dauert, ist der Besuch einer Berufsschule verpflichtend.

Europäischer und Nationaler Qualifikationsrahmen (EQR und NQR):
Der EQR bringt die sektoralen Qualifikationssysteme der europäischen Staaten zueinander in Bezug (Transparenz, Anerkennung von Qualifikationen, Mobilitätsförderung). Der Qualifikationsrahmen NQR ordnet Qualifikationen zu und nicht Kompetenzen oder Personen.

Initiative Bildungsberatung Österreich:
Dabei handelt es sich um ein flächendeckendes, leistungsfähiges und anbieterneutrales Bildungsinformations- und Beratungssystem zur kostenlosen Beratung für Erwachsene.

Initiative Erwachsenenbildung:
Steht für die seit 2012 bestehende Länder-Bund-Initiative zur Förderung grundlegender Bildungsabschlüsse für Erwachsene.

Konferenz Erwachsenenbildung Österreichs (KEBÖ):
Freie Arbeitsgemeinschaft gemeinnütziger österreichweiter Anbieter, gegründet 1972.

Matura (Abitur, Reifeprüfung):
Abschluss einer höheren allgemeinbildenden oder berufsbildenden Schule, bringt die allgemeine Studienberechtigung mit sich; kann auch durch Externistenprüfung oder in Abendschulen für Berufstätige (Zweiter Bildungsweg) erworben werden.

Nationalagentur für Erasmus + Bildung (vormals Lebenslanges Lernen) im OeAD:
Die Agentur informiert und berät über Mobilitätsprojekte.

NEET Jugendliche (Not in Education, Employment or Training):
Jugendliche und junge Erwachsene, die keine Schule besuchen, keiner Arbeit nachgehen und sich nicht in beruflicher Fortbildung befinden und dies auch nicht unmittelbar anstreben.

Offener Hochschulzugang:
In Österreich besteht kein genereller Numerus clausus, allerdings gibt es für einzelne Studien wie bspw. Medizin und Psychologie Aufnahmsprüfungen. Etwa 98 Prozent der Studierenden haben Matura als Zugangsvoraussetzung.

Ö-Cert:
Qualitätsrahmen für die Erwachsenenbildung in Österreich. Es verschafft erstmals einen Überblick über qualitätssichernde Maßnahmen der Erwachsenenbildungsorganisationen und sichert die gegenseitige überregionale Anerkennung zwischen den einzelnen Ländern sowie mit dem Bund.

Portal erwachsenenbildung.at:
Das Portal bietet eine Reihe an Möglichkeiten um in der österreichischen Erwachsenenbildung aktuell informiert zu sein. Es ermöglicht u.a. das Suchen von Weiterbildungsangeboten, Bildungsinformation zu erhalten, sowie Einblicke in Texte aus unterschiedlichsten Themenbereichen der Erwachsenenbildung zu bekommen.

Studienberechtigungsprüfung:
Es handelt sich dabei um eine fachlich eingeschränkte Studienberechtigung.

Weiterbildungsakademie (wba):
Die wba ist eine Zertifizierungs- und Kompetenzanerkennungsstelle für Erwachsenenbildnerinnen und -bildner. Sie vergibt Abschlüsse auf zwei Stufen: wba-Zertifikat und darauf aufbauend wba-Diplom.

Zweiter Bildungsweg:
Er bietet die Möglichkeit, die es berufstätigen Erwachsenen erlaubt, nachträglich einen höheren Bildungsgrad zu erwerben.

Abkürzungsverzeichnis

AES	Adult Education Survey
AHS	Allgemeinbildende höhere Schule
ALL	Adult Literacy & Lifeskills Survey
AMS	Arbeitsmarktservice Österreich
BELL	Benefits of Lifelong Learning
BFI	Berufsförderungsinstitut
BHS	Berufsbildende höhere Schule
BMASK	Bundesministerium für Arbeit, Soziales und Konsumentenschutz
BMBF	Bundesministerium für Bildung und Frauen
BMFJ	Familie und Jugend
BMG	Bundesministerium für Gesundheit
BMHS	Berufsbildende mittlere und höhere Schule
BMLFUW	Bundesministerium für Land- und Forstwirtschaft, Umwelt und Wasserwirtschaft
BMWFW	Bundesministerium für Wissenschaft, Forschung und Wirtschaft
CVTS	Continuing Vocational Training Survey
EAEA	European Association for Eduation of Adults
eduArd	Education Austria Resource Directory
EPU	Einzelpersonenunternehmen
ESF	Europäischer Sozialfond
ESREA	European Society for Research on the Education of Adults
EUCEN	European University Continuing Education Network
IBOBB	Strategie für Information, Beratung und Orientierung für Bildung und Beruf
IALS	Adult Literacy Survey
ISCED	International Standard Classification of Education
KEBÖ	Konferenz der Erwachsenenbildung Österreichs

LFI	Ländliches Fortbildungsinstitut
LLL:2020	Strategie zum lebensbegleitenden Lernen in Österreich
NEET	Not in Education, Employment or Training
NMS	Neue Mittelschule
OECD	Organisation for Economic Co-operation and Development
OIEB	Österreichisches Institut für Erwachsenenbildung
PBN	PädagogInnenbildung NEU
PERLS	Perspektiven der Erwachsenenbildung im Rahmen des lebenslangen Lernens in der Steiermark
PIAAC	Programme for the International Assessment of Adult Competencies
RÖBW	Ring Österreichischer Bildungswerke
ULG	Universitätslehrgang
VÖV	Verband Österreichischer Volkshochschulen
VÖGB	Verband österreichischer gewerkschaftlicher Bildung
WAFF	Wiener ArbeitnehmerInnen Förderungsfonds
wba	Weiterbildungsakademie Österreich
WIFI	Wirtschaftsförderungsinstitut der Wirtschaftskammer Österreich

Autorenporträts

Univ.-Prof. Dr. Elke Gruber
ist Inhaberin des Lehrstuhls für Erwachsenenbildung/Weiterbildung an der Universität Graz und Leiterin des gleichnamigen Arbeitsbereichs. Sie lehrt und forscht in den Bereichen Erwachsenen- und Weiterbildung/Lebenslanges Lernen, internationale Bildungsentwicklungen, Profession/Professionalität, Steuerung/Organisation, Curriculumentwicklung, Bildungsgeschichte. Sie ist laufend als Gutachterin und Sachverständige für die EU, die Österreichische Nationalbank, die Leibniz-Gemeinschaft u.a. nationale und internationale Organisationen tätig. Sie ist Mitherausgeberin der „Zeitschrift für Weiterbildungsforschung – REPORT", die beim Springer Verlag erscheint, Mitglied des Boards des Magazin erwachsenenbildung.at, Vorsitzende der Akkreditierungsgruppe von Ö-Cert Wien, Vorsitzende des Hochschulrates der PH Kärnten sowie Mitglied des Hochschulrates der PH Steiermark und Aufsichtsrätin der FH Joanneum Graz.

Kontakt: *elke.gruber@uni-graz.at*

Em. Univ.-Prof. Dr. Werner Lenz
leitete von 1984 bis zu seiner Emeritierung im Jahr 2012 den Arbeitsbereich Erwachsenenbildung/Weiterbildung am Institut für Bildungswissenschaft der Universität Graz. In Lehre und Forschung, dokumentiert durch zahlreiche Publikationen, trug er zur wissenschaftlichen Fundierung der österreichischen Erwachsenenbildung/Weiterbildung bei. Er etablierte Grundlagen zur akademischen Ausbildung von Personal der Erwachsenenbildung/Weiterbildung und setzte sich für die Förderung von wissen-schaftlichem Nachwuchs ein. Von 2007 bis 2012 fungierte er an der Universität Graz als Gründungsdekan der Fakultät für Umwelt-, Regional- und Bildungswissenschaft, wobei dem lebenslangen Lernen besondere Bedeutung zukam.

Kontakt: *werner.lenz@uni-graz.at*

Zusammenfassung

Das Buch bietet einen aktuellen Blick auf die Situation der Erwachsenen- und Weiterbildung in Österreich. Das österreichische Bildungswesen sowie historische Aspekte der Entwicklung der Erwachsenen- und Weiterbildung werden eingangs vorgestellt. Das Buch gibt Informationen über die rechtlichen Grundlagen, über Mechanismen der Steuerung sowie über Institutionen, Qualitätssicherung, Finanzierung, Angebote und Teilnahme. Ebenso werden Berufsfeld und Professionalisierung, Erwachsenen- und Weiterbildung im tertiären Sektor sowie die internationale Vernetzung erörtert.

Da sich die Weiterbildungslandschaft in Österreich in den vergangenen Jahren deutlich verändert hat, wurde das Porträt neu verfasst. Markante Entwicklungen gab es im Bereich der Professionalisierung, der Qualitätssicherung und Finanzierung, aber auch in Hinblick auf Internationalität, Restrukturierung des Angebots und der Bildungsberatung. Nicht zuletzt treten die Hochschulen intensiv als Anbieter von Erwachsenen- und Weiterbildung auf und fungieren als Orte der Forschung und Professionalisierung.

Mit aktuellen Tendenzen und Perspektiven unterstützt das Porträt die bildungspolitische Diskussion über die Brennpunkte der weiteren Entwicklung der österreichischen Erwachsenen- und Weiterbildung, die als engagierter Beitrag zur demokratischen Kultur verstanden wird.

Das Porträt richtet sich an Verantwortliche im Feld sowie an die in diesem Berufsfeld Tätigen, an Studierende und allgemein Interessierte.

Abstract

The book provides an overview of the current situation in Adult and Continuing Education in Austria. At the beginning stands an introduction into the Austrian education system together with a delineation of the historical evolution of Adult and Continuing Education. The portrait thoroughly informs about the legal foundations, governance approaches as well as institutions, quality assurance, financing, provision and participation. Moreover, the occupational field and strategies for professionalization, Adult and Continuing Education within the tertiary sector and international cooperation are being discussed.

On the grounds that the field of Adult and Continuing Education in Austria has significantly changed in recent years, the portrait had to be reedited. Major developments have occurred in the area of professionalization, quality assurance and financing schemes but also with regard to internationality, restructuring of provision and education counselling. Not least, higher education institutions intensively act as providers of Adult and Continuing Education and represent places of research and professionalization.

Presenting current tendencies and perspectives, the portrait supports the political discourse on crucial issues for the improvement of Adult and Continuing Education in Austria, understood as commitment to a democratic culture.

The portrait addresses responsible actors in the field of Adult and Continuing Education as well as persons active in the field, students and all people interested.